NEGOCIAÇÃO DE CONFLITOS

Estratégias para o sucesso

Sobre o autor:

Doutor em Direito Internacional pela Universidade de Londres — Inglaterra; Doutor em Ciências Jurídicas — PUC — Argentina; Ph.D. em Teaching English as a Foreign Language — Trinity University — EUA; Pós-Doutor em Língua Inglesa — Trinity University — EUA; Doutor Honoris Causa — Universidad Vieña del Mar — Chile; Mestre em Relaciones Institucionales y Legislaciones Laborales Internacionales — Universidad Três de Feberero — Argentina; Mestre em Ensino de Língua Inglesa — Trinity University — EUA; Bacharel em Letras —Trinity University — EUA; Bacharel em Direito — Hartford University — EUA; Advogado — PUC — Argentina.

Atividade Profissional:

Professor Titular do Curso de Direito do UNIVERSO — *Campus* Recife das disciplinas: Direito Internacional e Conciliação, Mediação e Arbitragem; Diretor do BIP Cursos & Treinamentos; Presidente do Instituto Brasileiro de Mediação, Arbitragem e Conciliação — IBRAMAC; Professor visitante do Curso de Doutorado da Jones International University — EUA, da disciplina "Negociação e Gestão de Conflitos"; Consultor Jurídico de Ubirajara Emanuel Tavares de Melo Advogados Associados; Conferencista nacional e internacional; Mediador e Negociador de Conflitos (nacional e internacional); Membro da American Bar Association — ABA (EUA); Membro Chatered Institute Arbitrators — Inglaterra — CIArb.

Livros publicados nos últimos cinco anos:

Direito Internacional Privado: Fundamentos — Ed. Ampla (2007); *Meios Alternativos de Resolução de Disputas: Conciliação, Negociação, Arbitragem e Mediação* — Ed. Ampla; *Direito Educacional: perguntas e respostas do cotidiano acadêmico* — Avercamp (2005); *Resolving the Spratlys Island and US Domestic Dispute: The Role of the United Nations Convention on the Law of the Sea* — Londres (2004); *É melhor falar Assim: Tudo por um Português bem dito* — Livro Rápido (2002); *Dicionário de Termos Técnicos: Publicidade e Propaganda* — Livro Rápido (2004); *Como falar bem em público e influenciar pessoas* — Fasa (2007).

JEAN CARLOS LIMA

Ph.D. em Direito — UCL/Inglaterra.
Doutor em Ciências Jurídicas — PUC/Argentina.
Ph.D. em Teaching English as a Foreign Language — TCU/Estados Unidos.
Pós-Doutor em Lingüística da Língua Inglesa — TCU/Estados Unidos.

NEGOCIAÇÃO DE CONFLITOS

Estratégias para o sucesso

EDITORA LTr®
SÃO PAULO

Dados Internacionais de Catalogação na Publicação (CIP)
(Câmara Brasileira do Livro, SP, Brasil)

Lima, Jean Carlos
Negociação de conflitos : estratégias para o sucesso / Jean Carlos Lima. — São Paulo : LTr, 2009.

Bibliografia.
ISBN 978-85-361-1260-2

1. Administração de conflitos 2. Negociação 3. Solução de problemas I. Título.

08-07844 CDU-302.3

Índices para catálogo sistemático:

1. Negociação e solução de conflitos: Psicologia social 302.3
2. Solução de conflitos e negociação: Psicologia social 302.3

LTr

EDITORA LTDA.

Rua Apa, 165 – CEP 01201-904 – Fone (11) 3826-2788 – Fax (11) 3826-9180
São Paulo, SP – Brasil – www.ltr.com.br

LTr 3695.4 **Janeiro, 2009**

Dedicatória

À minha adorável e amada esposa Kátia Lima por sua infinita compreensão e colaboração em minha jornada profissional, sem a sua ajuda muitos dos meus feitos não seriam possíveis.

Às minhas filhas Katlyn e Katchbyanca que são os galardões que Deus me deu.

Agradecimentos

Ao Senhor Deus "... porque amou o mundo de tal maneira que deu o seu Filho unigênito, para que todo aquele que nele crê não pereça, mas tenha a vida eterna". (João 3:16)

Sumário

"Bendito o homem que confia no SENHOR e cuja esperança é o SENHOR. Porque ele é como árvore plantada junto às águas, que estende as suas raízes para o ribeiro e não receia quando vem o calor, mas sua folha fica verde; e, no ano de sequidão, não se perturba, nem deixa de dar frutos." (Jeremias 17:7-8)

Capítulo I

CONFLITO

Não procure vingança nem guarde rancor,
mas ame cada um o seu próximo como a si mesmo.
(Levítico 19,18)

Introdução

Não é de hoje que o ser humano vive em eterno conflito, seja na esfera social, pessoal, profissional, familiar, escolar, vicinal, ele, o ser humano, entra em conflito pelos mais variados motivos, verdadeiramente pode-se dizer que os conflitos são partes de um processo de evolução social.

A palavra conflito é de origem latina, *conflictio*, significando, em uma tradução ampla, *discordância, incongruência*, também quer dizer *competição* em relação a atos, dizeres, opiniões, entre outras manifestações da razão humana.

Do conflito é possível afirmar que ele é a base do desenvolvimento humano e está intimamente relacionado a mudanças e serve como alicerce para melhorar os relacionamentos interpessoais e, ainda, dá nova razão à vida.

Conflitos, discordâncias, problemas, todos podem ocorrer entre crianças, jovens e adultos, intelectuais, não intelectuais, pobres, ricos, classe média, entre homens, mulheres etc. As inquietudes da vida não são privilégios de alguns, mas um bem ou um mal de todos.

Há várias concepções sobre a palavra *conflito* entre os mais renomados doutrinadores. Podemos definir conflito como sendo uma diferença de opinião ou de propósito que frustra outra pessoa. Para *Morton Deutsh*,[1] "um conflito existe quando atividades incompatíveis ocorrem", e ainda aduz que, "apesar

---

(1) DEUTSH, Morton. *The resolution of conflict*: constructive and destructive process. New Heaven and London: Yale University Press, 1973. p. 35. Psicólogo, professor emérito da Columbia University, considerado o fundador da teoria moderna de resolução de conflitos e fundador e criador do International Center for Cooperation and Conflict Resolution.

de toda competição produzir um conflito, nem todo conflito produz uma competição".

Para algumas escolas da sociologia, o conflito é entendido como o desequilíbrio de forças do sistema social que deveria estar em repouso, em pleno equilíbrio, quanto às forças que o compõe.

Ensina-nos *Kurt Lewin*(2) que o conflito é *como a convergência de forças de sentidos opostos e de igual intensidade, que surge quando existe atração por duas valências positivas, contudo opostas, ou duas valências negativas, (enfrentar uma operação ou ter o estado de saúde agravado) ou uma positiva e outra negativa, ambas na mesma direção (desejo de pedir aumento e medo de ser despedido por isso).*

Como exemplos de duas valências positivas temos: o desejo de uma pessoa querer assistir a uma peça e a um filme exibidos no mesmo horário e em locais diferentes, evidentemente. Para valências negativas temos: o exemplo de alguém que tem a vontade de pedir algo a outrem mas tem medo de receber uma resposta negativa.

Conflito ou problema

Em consulta ao *Novo Aurélio, O Dicionário da Língua Portuguesa*, pude deparar-me com as seguintes definições em relação à palavra *conflito*, nele está assim escrito "do latim *conflictu,* 'choque', 'embate', ' peleja'. 1. Embate dos que lutam 2. discussão acompanhada de injúrias e ameaças, desavença".

Para a palavra *problema*, há as seguintes definições: "do grego *próblema*, do latim *problema*. 1. questão não solvida e que é objeto de discussão, em qualquer domínio do conhecimento, 2. proposta duvidosa, que pode ter numerosas soluções, e por final, define como 3. psicologia: conflito afetivo que impede ou afeta o equilíbrio psicológico do indivíduo".

De uma forma mais pragmática, entendo ser o conflito aquilo que não se vê e problema, o que se vê, ou seja, conflito é a emoção e problema é o fato. Para aclarar ainda mais, usarei o seguinte exemplo: sobre uma mesa forrada com uma linda toalha que vai até ao chão está um vaso lindo com flores — bem, vamos dizer que o vaso com as flores simboliza o problema, pois você pode vê-lo, e como a mesa está forrada você não pode ver o que está por debaixo dela, então, isso simboliza o conflito.

---

(2) LEWIN, Kurt. Psicólogo alemão, autor das obras *A dynamic theory of personality* e *Principles of topological psychology*, bem como fundador do Massachusetts Institute of Technology.

Quando as pessoas estão em um momento difícil, quando estão diante de uma tomada de decisão costumam atribuir a esta ação a palavra "problema", ou seja, usa-se o vocábulo *problema* como sinônimo de *conflito*, porém há de se entender e elucidar que nem sempre um conflito é um problema. Adverte-nos *Alvarez*,(3) "no todos los problemas son conflictvos; existen problemas, por ejemplo los puramente técnicos, que no revisten aquela caraterística o que no requieren de la participacion de un otro para su solución", ainda, se pode aduzir sobre o que vem a ser um problema, o que foi dito pelos professores *Howard* e *Barton* da Universidade de Harvard, também, citados por *Álvarez*: "[...] el problema es una situación que uno quiere cambiar, sea porque ocurre algo (percebido) como malo o bien porque se desea que algo bueno ocurra y que no ocurrre";(4) sendo assim, é possível entender que conflito e problema estão separados por uma linha de percepção muito ínfima e entendê-los ou distingui-los requer bastante perspicácia e, sobretudo, sensibilidade.

Conclui-se, então, que nem todo o problema é proveniente de um conflito ou até mesmo que seja causa deste, contudo pode-se alegar que todo conflito, em seu interior, traz um problema. Podendo ainda dizer que problema é o defeito, aquilo que é visto. Conflito é o que está escondido.

Os conflitos podem ser benéficos quando são resolvidos de forma racional e canalizados. *Ury*(5) nos ensina, no prefácio do seu livro, que "Los conflictos, finalmente, son como la lluvia ya que canalizados apropriadamente puden ser beneficiosos para alentar cambios y justicia, mas fuera de control pueden resultar en una devastadora inundación".

Como surgem os conflitos

Os conflitos emergem quando se apresenta uma eminente necessidade de escolha entre situações as quais podem ser consideradas incongruentes ou mesmo incompatíveis com os nossos interesses. Todas as situações de conflito

---

(3) ÁLVAREZ, Gladys Stella. La solución de problemas. In: *Arbitraje y mediación*. Asunción: Continental, 2003. p. 25. Tradução: "nem todos os problemas são conflituosos, existem problemas, por exemplo, que são puramente técnicos que não revestem aquela característica ou que não requerem a participação de uma outra pessoa para sua resolução".

(4) Tradução: "o problema é uma situação que uma pessoa quer mudar, seja porque ocorre algo (percebido) como mal ou bem, ou porque se deseja que algo bom ocorra e não ocorre".

(5) URY, William L.; BRETT, Jeanne M.; GOLDBERG, Stephen B. *Como resolver las disputas*. Diseño de sistemas para reducir los costos del conflicto. Buenos Aires: Runbizal-Culzone, 1997. Tradução livre: "Os conflitos, finalmente, são como a chuva já canalizada que, apropriadamente, pode trazer benefícios para alentar mudanças e justiça, contudo, fora de controle, pode resultar em uma devastadora inundação".

são antagônicas e, sobretudo, desestabilizam a ação ou a tomada de decisão por parte da pessoa ou de grupos. Trata-se de um fenômeno subjetivo, por vezes inconsciente ou de difícil percepção. Costumeiramente os conflitos resultão da concorrência de respostas incompatíveis, ou seja, um choque de motivos, ou informações desencontradas. Os conflitos podem ocorrer em todos os níveis da sociedade, conforme mencionamos em parágrafo anterior: individuais, em família, em grupos de trabalho, em centros de decisões, ou seja, em qualquer lugar onde haja um ser humano respirando e pensando.

Para *Dara Schnitman*, quando as pessoas estão desorientadas, as contradições parecem-lhes inevitáveis, negativas ou impossíveis de modificar, que geram uma confusão no entendimento do meio social em que as partes vivem, provocando insatisfação.(6)

Diferentes razões pelas quais os conflitos podem surgir

As divergências de interesses podem requerer diferentes razões para sua existência, que, muitas vezes, surgem do nada, pela simples expressão "eu não concordo".

Para esclarecermos melhor quais são as razões pelas quais surge a maioria dos conflitos, relacionamos abaixo alguns motivos, ou seja, motivos básicos que propiciam a instauração do conflito.

Diferentes objetivos — certamente este é um grande causador de conflitos, pois, quando os objetivos, as metas são diferentes, as pessoas tendem a gerar um conflito, uma vez que estes objetivos, em regra, têm a ver com a vaidade do ser humano.

Conflitos de interesses — por vezes, os interesses dos indivíduos são diferentes pelo simples fato de serem ou até mesmo de as pessoas quererem que sejam de tal forma, assim, causando um desentendimento e gerando um conflito, pois os interesses passam mais pela via do desejo subjetivo.

Falta de comunicação — classifico este ponto como um dos mais fortes na geração de um conflito ou de um problema, pois na maioria das ocasiões as pessoas não se comunicam e esta falta de comunicação gera um grande desconforto nas pessoas e, por conseguinte, cria um conflito. É da falta da comunicação que nascem as dúvidas, as incertezas

---

(6) SCHNITMAN, Dara Freid. A mediação: novos desenvolvimentos geradores. In: *Novos paradigmas em mediação*. Porto Alegre: Artmed, 1999.

e os julgamentos. Portanto, o ato de se comunicar de forma efetiva, clara, precisa e com ordem lógica propicia uma relação saudável e confiável entre as pessoas nos mais variados níveis sociais e intelectuais. Quem já não ouviu a seguinte expressão: "Por que você não falou antes?".

Comunicação violenta – o ser humano tende a se comunicar de forma violenta, sempre com a intenção de impor o seu querer, sobretudo quando está em uma posição de superioridade. Não são raras as vezes que as pessoas pedem alguma coisa de forma imperiosa e agressiva. Em vez de falar: "você pode me dar esse livro?", diz-se: "dê-me esse livro?". E geralmente as pessoas retrucam acrescentando: "peça, por favor!". Devemos usar linguagens positivas sempre que quisermos nos comunicar com as pessoas.

Em muitos momentos, pedimos e não somos atendidos e por quê? Pelo simples fato de o nosso pedido vir revestido de uma comunicação violenta; o interessante é que as pessoas que se comunicam de forma violenta não enxergam e não percebem que estão agindo assim. Essas pessoas estão sempre culpando as outras dizendo que elas é que são sensíveis demais.

Proponho que você faça uma reflexão sobre a sua forma de comunicação para saber se está se comunicando de maneira não violenta. Para tanto, pergunte para alguém da família, pois não existe pessoa melhor do que um parente para nos criticar e apontar os defeitos, pois pelo fato de termos intimidade com esta pessoa, nós pensamos que temos o direito de agredi-las usando de uma comunicação verbal violenta.

Falta da verdade – existe algo mais violento do que a falta da verdade? Certamente a sua resposta será: "claro que não!". Contudo, alguém pode responder: "depende da situação! Há momentos em que não devemos e não podemos dizer a verdade". Bem, o que você responder está certo, pois cada um age de acordo com os seus critérios éticos e de filosofia de vida, mas saiba de uma coisa, a falta da verdade é como um detonador de uma bomba quando alguém descobre onde está, o interesse maior dessa pessoa que descobriu, e aperta-lo só para ver o que acontece. Não é à toa que a palavra de Deus diz, "e descobrirei a verdade e a verdade vos libertará"; a verdade aqui falada é referente à palavra de Deus, porém se levarmos para nossa vida cotidiana, todas as vezes que falamos a verdade, é como se tirássemos um peso das costas.

A verdade dita de forma agressiva – "eu sou assim, mesmo falo na cara, doa a quem doer!". Muitas pessoas que usam essa expressão dizem ter personalidade forte. É um ledo engano, falar a verdade não significa ser desrespeitoso, ser descortês. Imagine se alguém já percebe que está comentando algo errado, sabe que pode sofrer uma represália a qualquer momento e, de repente, chega esta pessoa e fala a verdade de forma agressiva, certamente aquele que estiver recebendo a verdade tentará reagir na mesma proporção em que receber a mensagem. Portanto, lembre-se: dizer a verdade significa aconselhar, advertir a outra pessoa, com calma. Falar que algum ato feito por ela não está devidamente claro e compreendido. Tudo tem de ser feito com bastante respeito e consideração pelo outro.

Disputa pela razão — um dos motivos mais cruciais que aflige a convivência do ser humano é o querer, sempre, ter razão ou, até mesmo, insistir em ter razão. Antes de tomar o bastão da razão, procure escutar a outra parte. Analise. Ponha-se no lugar dela para então saber se você tem ou não razão. Jesus, em seus ensinamentos, dizia: "e por que reparas tu no argueiro que esta no olho do teu irmão, e não vez a trave que está no teu olho?" (Mateus 7,3).

Insistência em ter razão — "Eu estou certo e pronto!" Este é o jargão favorito dos inflexíveis, dos intransigentes, dos negociadores *hard* e de todos aqueles que vivem a vida de forma amargurada e que têm como propósito de vida desrespeitar os outros. Obviamente, pessoas como essas tendem a criar conflitos em qualquer lugar que estejam.

Desejos não realizados — é outro causador de conflitos; quando os desejos não são realizados, surgem os conflitos pessoais e interpessoais.

Expectativas muito elevadas — não crie expectativas das quais não tenha sequer nem uma vaga certeza de que se realizarão. Lembre-se de que as frustrações também são formas de conflitos.

Falta de motivação — não é de hoje que as pessoas entram em conflito por não terem motivos para viver. Crie expectativa para renovar o estímulo. A motivação está dentro de cada um de nós, basta quer que ela aflore.

Pressão pessoal — esta é uma razão muito forte que aflige o ser humano, pois, por muitas vezes em nossas vidas, tentamos agradar a gregos e troianos e acabamos por nos sufocar. Certa vez, Bill Cosby disse: "eu não sei qual é o segredo do sucesso, mas o segredo do fracasso é tentar agradar a toda gente".

Querer mudar as pessoas — isso é extremamente perigoso, nós sempre queremos que as pessoas sejam como nós: com as mesmas condutas, atitudes, pensamentos, gostos. Já parou para pensar se uma pessoa for igual a você, ela será você. Não tente mudar as pessoas, aceite-as como elas são, pois assim você terá menos conflitos.

Para *Grunspun*,(7) os conflitos podem estar em nível interpessoal, com disputas evidentes e objetivas, mas podem estar em nível intrapessoal, em um dos participantes ou em ambos, em que a disputa deixa de ser objetiva, congruente e se torna inconsciente.

O fato de uma pessoa viver sem resolver um determinado conflito poderá consumir energia física, mental, espiritual e pode causar uma sensação de impotência, fazendo com que a pessoa sinta-se dividida, como se estivesse carregando um fardo pelo resto da vida. Sendo assim, é importante não fechar os olhos para o problema que se está vivendo, ou mesmo para o conflito que crer existir. Em vez disso, de não dar importância, a pessoa que estiver envolvida em um dilema deve tentar entender a causa do problema ou conflito e seus efeitos, e então procurar resolvê-lo.

Onde surgem os conflitos

Os conflitos podem surgir nos mais variados locais da sociedade, porquanto, onde há um grupo de pessoas existe a possibilidade de surgir um conflito: em reuniões, no ambiente de trabalho, no seio familiar, na escola, na festa, na universidade, entre muitos outros locais que poderíamos citar.

Geralmente, os conflitos surgem nos lugares que são tidos como os menos prováveis para que surjam. A questão é que devemos estar sempre em alerta para não darmos condições para que o conflito ou o problema se instaure. O conflito é como uma esponja umedecida com álcool, basta provocar uma faísca por perto, não tão perto, e certamente o incêndio será inevitável.

Como podem ser os conflitos

Existem diversas formas de classificação dos conflitos por vários doutrinadores. Os conflitos se manifestam das mais variadas formas, bem como nas mais inusitadas situações. É possível para uma pessoa perceber se está em um conflito quando entende que os seus anseios, desejos e interesses estão sendo incompatíveis, ou melhor, estão indo de encontro aos de outra pessoa. Também o conflito ou a controvérsia pode ser sentido e isso ocorre quando uma pessoa está diante de uma situação de medo, angústia, tristeza, entre outros sentimentos. Por outro lado, o conflito é entendido em uma esfera de ação na qual o indivíduo demonstra a outra pessoa os seus sentimentos de insatisfação.

---

(7) GRUNSPUN, Haim. *Mediação familiar:* o mediador e a separação de casais com filhos. São Paulo: LTr, 2000. p. 18.

Como os conflitos podem ser resolvidos

Existem diversas formas de resolução de um conflito, de uma disputa, de uma contenda, contudo, não nos aprofundaremos agora, pois trataremos com mais detalhes nos próximos capítulos. Podemos afirmar que os conflitos podem ser resolvidos de forma autônoma, ou seja, de uma maneira que prevaleça a vontade das partes ou de forma heterônoma, em que os conflitos são resolvidos por um terceiro com o poder jurisdicional de dizer o melhor direito, não importando se a sua decisão satisfaz às partes.

É evidente que os desentendimentos só podem ser resolvidos quando existe um interesse verdadeiro entre os envolvidos em resolvê-lo. Se uma das partes não crê na solução pacífica da disputa, verdadeiramente não haverá solução, e sim, a satisfação de um desejo unilateral, em detrimento da satisfação da parte perdedora, pois, na forma heterônoma, sempre um perde e o outro ganha.

Cada indivíduo tem uma forma de reagir diante de um conflito. Há aqueles que pretendem resolver os conflitos e aqueles que desejam obter vantagens da situação conflituosa, e justamente com o intuito perverso, de fazer o mal, de destruir a outra parte, para que possa dizer: "foi feita a justiça".

Em uma disputa, as pessoas têm interesses em jogo, portanto, existindo um equilíbrio de poder entre as partes. Para resolver uma disputa, as partes podem decidir concentrar sua atenção em um ou vários dos seguintes fatores básicos. Podem buscar: 1) conciliar seus interesses subjacentes; 2) determinar quem tem razão; e/ou 3) definir quem é mais poderoso.(8)

A origem do conflito, o caminho que se toma para a solução, ou não, do conflito, na maioria das vezes não tem importância; geralmente a pessoa em conflito sempre tem a intenção de expor as suas razões dentro do conflito e ter suas necessidades atendidas.

Formas de lidar com um conflito

Antes de apresentarmos as maneiras pelas quais as pessoas lidam e reagem diante de um conflito ou um problema, são cabíveis as perguntas: o que você faz quando está diante de um conflito? Como você lida com os conflitos? Tenta evitá-lo a qualquer custo? Busca resolvê-lo por meio da justiça tradicional? Tenta solucioná-lo de forma pacífica ou você não tem medo de confusão e acirra ainda mais as divergências em conflito?

---

(8) URY, William L.; BRETT, Jeanne M.; GOLDBERG, Stephen B. *Op. cit.*, p. 5.

Muito embora existam pessoas que tenham um estilo pessoal de pôr fim a uma contenda, há vários fatores que interferem na escolha de uma determinada atitude diante de uma situação conflituosa , tais como: 1) a natureza do conflito; 2) as suas razões subjacentes ao conflito; 3) o contexto no qual o conflito é vivido; 4) a ação cooperativa do oponente; 5) as experiências vividas com conflitos e, sobretudo, com os seus resultados.

Para *Grunspun*,[9] os caminhos para lidar com os diversos tipos de conflitos seguem várias alternativas que se apresentam desde o início da sua solução, principalmente no processo da mediação. São elas:

a negação — nessa atitude, as partes podem negar a existência de um conflito. Negar o conflito pode ser uma forma útil no processo de mediação;

suprimir causas — não se podem ver os pontos positivos a serem construídos;

dominar a situação — em que se exibe o poder e autoritarismo, gerando ganhadores e perdedores;

concessões — as pessoas tendem a fazer concessões;

respeito e colaboração — cooperação mútua.

Existem outras reações que podem ser notadas diante de um conflito, que são:

repressão — controle do conflito pela força;

evasão — evitar o conflito de qualquer forma;

acomodação — preferência pela aceitação ou concordância superficial;

confrontação — discussão aberta das discordâncias, com um aumento das divergências;

negociação — busca de uma solução intermediária.

Não há como afirmar que existe uma atitude plenamente acertada ou errada para gerir um conflito. A depender da situação, alguns tipos de abordagens podem se mostrar mais positivos do que outros. Evitar um conflito, às vezes, pode ser apropriado quando o ato conflituoso é pouco significante ou existe falta de informação, ou quando outro indivíduo seria mais indicado para resolver melhor a contenda.

---

(9) GRUNSPUN, Haim. *Op. cit.*, p. 22.

Capítulo II

NEGOCIAÇÃO

O ódio excita contenda, mas o amor cobre todas as transgressões.
(Provérbios 10,12)

Introdução

Não é de hoje que o homem vive negociando; muito embora pareça uma novidade, o ato de negociar tem sua origem nos tempos mais remotos. A palavra *negócio* tem sua origem em Roma, exatamente no seio da aristocracia romana. Para ostentar o título de *nobre*, naquela época, era preciso viver sem fazer nada, ou seja, nenhum tipo de trabalho. O trabalho era um castigo peculiar aos escravos. Sendo assim, o nobre que quisesse manter a sua posição e condição de nobre deveria viver no ócio, pois era assim que os deuses viviam. Contudo, por força das circunstâncias, os nobres foram compelidos a fazer transações comerciais com os pobres (plebeus), embora fossem altas transações, eram consideradas pela classe aristocrata um ato vergonhoso e que humilhava o homem, pois significava a "negação do ócio", daí então surgindo a palavra "negócio".

Pode-se dizer que negociar é a arte de conseguir tudo o que você quer de outra pessoa que tem o poder de dar a você. Verdadeiramente, as pessoas passam todo o tempo de suas vidas negociando, empreendendo suas energias, forças e recursos para conseguir o que querem por meio da negociação, contudo, muitas vezes ao chegar à mesa de negociação, digo em sua maioria, essas pessoas não são capazes de efetivamente realizar uma negociação. É muito comum perdemos uma grande oportunidade de melhorar a vida das pessoas envolvidas em uma disputa simplesmente pelo fato de não tentarmos a negociação, ou melhor, por não reconhecermos a necessidade de resolver os conflitos de interesses por um meio amigável de forma pacífica.

Acredito que o receio de não intentarmos a negociação é pelo fato de temermos que, ao negociar interesses, estamos negociando princípios, valores de vida, e naquele ato o negociador está comprometendo a sua integridade moral.

Conceito

Talvez se fôssemos nos debruçar nesta obra a desenvolver um conceito para o que é negociar, certamente não chegaríamos a um consenso, tendo em vista os diferentes conceitos existentes e que podem variar de pessoa para pessoa.

Negociar é sem dúvida alguma a arte de conseguir de outrem aquilo que atenda ao seu interesse em relação aquele momento da negociação e que o outro obviamente tem condições de dar.

O processo de negociação, ao contrário do que se pensa, não envolve um compromisso, uma vez que ninguém tem o compromisso ou a obrigação de negociar. O que realmente envolve um compromisso, uma obrigação de fazer, é quando na negociação se chega a uma decisão; então, a partir desse momento segue-se um termo de compromisso pela decisão acertada.

Ensina-nos *William Ury* e *Roger Fisher* que "a negociação é um meio básico de conseguir o que se quer de outrem. É uma comunicação bidirecional concebida para chegar a um acordo, quando você e o outro têm interesses em comum e outros opostos".(1) Com esta definição, pode-se concluir que o processo de negociação visa a ganhos em comum, no qual se sobressai a congruência de interesses por meio de um acordo, de forma autônoma, tudo com o fim de uma resolução pacífica de disputas.

Dentre as inúmeras formas de definir o que é negociação, cabe lembrar uma definição bastante pertinente de *Cohen* (*apud* Martinelli e Almeida, 2006, p. 18), "negociação é o uso da informação e do poder, com o fim de influenciar o comportamento dentro de uma rede de tensão". Significa dizer que quem detém o poder para negociar é o que detém mais informação.

Para o mestre *Petrônio Calmon*, "negociação é o mecanismo de solução de conflitos com vistas à obtenção da autocomposiçao pela conversa direta entre os envolvidos sem qualquer intervenção de terceiro como auxiliar ou facilitador".(2)

---

(1) URY, William; FISHER, Robert. *Como chegar ao sim. A negociação de acordos sem concessões.* 2. ed. Rio de Janeiro: Imago, 1992. Título em Inglês: *Getting to yes. Negotiating agreement without givin in.* 2nd ed. Penguin Book, 1991.

(2) CALMON, Petrônio. *Fundamentos da mediação e da conciliação.* São Paulo: Forense, 2007. p. 113.

Negociar é também um ato de ser flexível, ponderado nas decisões, pois, muitas vezes, em um processo de negociação, a rigidez nas opiniões, nos pontos de vista leva ao fracasso. Na negociação estão contidas as mais profundas habilidades da oratória, retórica e na arte de influenciar pessoas, de convencimentos por meio de argumentos sólidos, fundamentados, precisos, claros e, sobretudo, honestos, francos. O que deve prevalecer sempre em uma negociação, não importando o seu tipo, seu estilo de negociador, é a honestidade, pois atos desonestos podem trazer prejuízos irreparáveis para o período pós-negociação.

Capítulo III

POR QUE DEVEMOS NEGOCIAR?

Entra em acordo sem demora com o teu adversário, enquanto estás com ele no caminho, para que o teu adversário não te entregues ao Juiz, o Juiz ao oficial de justiça, e sejas recolhido à prisão.

(Mateus 5,25)

Introdução

Quando surge um conflito em nossa vida, o primeiro pensamento que nos vem à mente é como vamos resolvê-lo. Se não conseguirmos achar uma solução, nós mesmos, então procuramos uma terceira pessoa para que possa nos ajudar a encontrar uma solução para o problema. Essa terceira pessoa é escolhida para resolver o conflito em nosso lugar, pois possivelmente a solução encontrada por ela, a quem conferimos o poder de decidir por nós o conflito, não seja a melhor para nós.

Quando alguém consegue encontrar uma solução para seu problema de forma autônoma, geralmente esta pessoa aumenta a sua auto-estima e valoriza mais a vida, pois o ato de negociar uma solução para o seu problema a fará não se sentir como se estivesse perdendo algo, pois a negociação implica ganhos reais. Entretanto, se você não se dispuser a sentar-se para negociar, na maioria das vezes não conseguirá satisfazer ou ver satisfeitos os seus pedidos e os seus interesses. Contudo, isso não quer dizer que as pessoas devam negociar aconteça o que acontecer.

Um dos primeiros passos que se deve dar para iniciar uma negociação é perguntar-se: "por que eu quero negociar?" Certamente a resposta será: "porque eu quero resolver o meu problema". Uma das razões pela qual alguém negocia é para conseguir tudo ou parte do que quer efetivamente e, por conseguinte, obter concessões da outra parte.

Uma pessoa que está disposta a negociar deve ter bem definidas em sua mente algumas das seguintes perguntas entre muitas outras que podem surgir:

a) Qual é o seu verdadeiro interesse em negociar?

b) Quais são as suas vantagens na negociação?

c) Seu conflito verdadeiramente será de interesse da outra parte?

Algumas vezes as respostas às questões acima serão diferentes todos os momentos em que uma pessoa decidir pela negociação. Há ocasiões em que as pessoas devem tentar adivinhar quais são as respostas.

Para a etapa seguinte, após a decisão em negociar, é necessário definir quais são os seus objetivos. É importante saber claramente o que se quer no momento em que for negociar.

Calmon nos fala que "a negociação é imprescindível quando o conflito surge em meio a uma relação contratual continuada, pois sua solução não só proporcionará o benefício que lhe é próprio, mas, igualmente, o prosseguimento saudável da relação".(1)

É incompreensível quando os operadores do direito, digo, os advogados, se recusam a negociar acordos para pôr fim na disputa de interesse de forma extrajudicial, usando um meio alternativo de resolução de disputa, seja negociação, mediação, conciliação, arbitragem etc.

A professora e negociadora *Alessandra Gomes* faz uma afirmação extremamente interessante para os advogados, que acredito ser importante recordar, quando ela diz:

> Somos verdadeiramente fruto da formação que recebemos na faculdade. Nosso material de trabalho é o litígio. Vivemos dele e dele nos alimentamos. Daí a crença de que, fomentando o litígio, estamos contribuindo para a continuidade da oferta de trabalho.(2)

A professora faz uma observação contundente em relação à atitude de alguns advogados, e ainda nos leva a uma reflexão sobre o que está consagrado no Código de Ética e Disciplina da Ordem dos Advogados do Brasil, no art. 2º, parágrafo único, inciso VI:

> Art. 2º São deveres do advogado.
>
> [...]
>
> VI – estimular a conciliação entre os litigantes, prevenindo, sempre que possível, a instauração de litígios.

---

(1) CALMON, Petrônio. *Op. cit.*, p. 113.

(2) SILVA, Alessandra Gomes do Nascimento. *Técnicas de negociação para advogados*. 2. ed. São Paulo: Saraiva, 2007. p. 10.

Cabe lembrar, ademais, que nesse mesmo Código de Ética e Disciplina está uma orientação quanto ao dever do advogado no mesmo artigo e parágrafo, inciso VII, assim redigido:

> VII – aconselhar o cliente a não ingressar em aventura judicial.

Métodos de negociação

Segundo nos ensina *William Ury* e *Roger Fisher*, autores do Projeto de Negociação da Harvard Business School *(Program on negotiation)*, há efetivamente dois métodos na negociação, que são:

a negociação baseada em princípios ou negociação dos méritos — é um método estruturado na produção de resultados sensatos, amigáveis e, por conseguinte, de ganhos mútuos. Esse método está fundado em quatro princípios:

a) pessoas – separar pessoas do problema;

b) interesses – foco nos interesses, não nas opiniões;

c) opções – criar possibilidades antes de decidir o que fazer; e

d) critérios – o resultado deve ter um padrão objetivo.

a negociação barganha de opiniões[3] — baseada na opinião, ou seja, no desejo egoísta de cada pessoa que está à mesa da negociação, em que deve prevalecer a todo custo a vontade de cada um dos negociadores, poderíamos até denominá-la de "barganha das vontades", e geralmente nesse tipo de negociação há a presença de uma força negativa que tende a impedir a fluidez da negociação.

A barganha de opiniões desenvolve-se em dois níveis: *soft* (brando, comedido) e *hard* (inflexível, intransigente, radical, podemos até chamar de fazer jogo duro).

Claro que a negociação é um jogo, isso não podemos deixar de afirmar, e nesse jogo de *hard* e *soft* os jogadores adotam os seus estilos baseados em suas expectativas de ganhos e perdas, estando mais obstinados para ganhar. Comumente, é um jogo de conduta em que o jogador *hard* avança na negociação

---

(3) Inadvertidamente traduzida da língua inglesa para a portuguesa como: posição, criando a chamada "barganha posicional", contudo não é aconselhável o uso desse vocábulo para não causar ambigüidade na interpretação, é preferível falar: "barganha de opiniões".

usando um estilo agressivo, insistindo em obter vantagens, e isso implica concessões do jogador *soft*, por meio de ameaças, que lhe é uma característica peculiar, por outro lado o jogador *soft* tende a ter uma atitude mais complacente, evitando o confronto, cedendo aqui e ali e buscando sempre um acordo, mas resta lembrar que esta atitude favorece ao jogador *hard*.

Qualquer método que seja usado na negociação deve visar a produção de acordos que, mesmo que não sejam acordos desejáveis, sejam aceitáveis. O método deve ser julgado imparcialmente por três critérios:

a) deve produzir acordo sensato, se houver possibilidade de acordo;

b) deve ser eficiente; e

c) deve aprimorar, ou, pelo menos, não prejudicar o relacionamento entre as partes.[4]

Vamos analisar o quadro elaborado por *Ury* e *Fisher* que aponta alguns estilos dos negociadores na barganha de opiniões.

Estilos	
Soft	***Hard***
Os participantes são amigos	Os participantes são adversários
A meta é o acordo	A meta é a vitória
Faça concessões para cultivar o relacionamento	Exija concessões como condição do relacionamento
Confie nos outros	Desconfie de todos
Mude facilmente de opinião	Aferre-se à sua opinião
Faça ofertas	Faça ameaças
Ceda à pressão	Exerça a pressão
Seja afável com pessoas e não com o problema	Seja duro com o problema e com as pessoas

Estilos de negociação

Os estilos de negociação são diversos, muito embora haja uma grande variedade, vamos, neste trabalho, abordar os que consideramos mais significantes na esfera dos meios alternativos de resolução de disputas. (ADR)

Catalisação — é criativo, sempre inovando, normalmente considera opiniões, sobretudo, é superficial em toda decisão.

(4) URY, William; FISHER, Roger. *Op. cit.*, p. 22.

Apoio – nesse estilo o negociador considera, sobretudo, a pessoa humana e o seu valor. Procura agradar a todos, aprecia o trabalho em equipe, não é muito rápido em suas decisões, contudo, preserva o respeito às pessoas.

Controlador – é uma negociação marcada pela rapidez de como é a tomada das decisões, concentrada no tempo para reduzir os custos e sua principal característica é a forma direta da abordagem dos assuntos.

Analítico – negociação repleta de perguntas, busca o máximo de informações possíveis para esclarecer os temas abordados. Foca muito em detalhes, às vezes extremamente reticente na tomada de decisões.

Quadro de conversão dos estilos de negociação de acordo com alguns doutrinadores.

Estilos básicos	Controlador	Apoiador	Analítico	Catalisador
Sparks	Restritivo	Amigável	Ardiloso	Confrontador
Albrecht & Albrecht	Bulldog	Veado	Raposa	Construtor de negócios
Atkins & Katcher	Toma e controla	Dá e apóia	Mantém e conserva	Adapta e negocia
Gottschalk	Duro	Calorosos	De números	Negociador

Fonte: GODINHO & MACIOSKI. Estilos de Negociação – a maneira de realizar negócios internacionais. *Ciência & Opinião*, p. 164.

Outros estilos de negociação são:

Distributivo – abordagem é apenas um valor ou questão determinada, em situação de que quando uma parte ganha, a outra inegavelmente perde. O relacionamento entre as partes pouco importará para a parte que entender a negociação como distributiva;

Competidor *(hard)* – a vitória é o foco. Maximizar os ganhos e destruir a outra parte são também os objetivos. Para tanto, pode utilizar-se de ameaças, truques sujos, distorcer a verdade e dissimular fatos buscando uma vitória unilateral;

Conciliador – o foco está no acordo, dá extrema importância à manutenção de bons relacionamentos. Utiliza-se de uma conduta gentil, adotando atitude flexível e realista e faz concessões na expectativa de que o oponente seja moralmente obrigado a fazer o mesmo.

Evasivo ou distrativo — o negociador que adota esta tática busca distrair a outra parte almejando a vitória, apesar da incerteza de como alcançar tal propósito. O objetivo é sobreviver à negociação sem perdas. Pode utilizar-se de três padrões de conduta: ataques; apaziguar ou postergar a questão. Neste estilo se evita adotar opiniões firmes.

Preparando-se para negociar

A preparação que antecede a negociação é de vital importância para lograr êxito da negociação. Evidentemente, todo negociador deve estar bem preparado para poder enfrentar a tarefa árdua de negociar.

Os elementos básicos que devem ser observados quando da preparação do negociador são os seguintes:

Equilíbrio emocional — não adianta ir a uma disputa de interesses sem que se esteja equilibrado emocionalmente;

Pronto para ouvir — o negociador que não sabe ouvir dificilmente chegará a um acordo;

Pronto para entender — um dos princípios importantes, dentre os outros também de grande valor, é saber entender antes de ser entendido;

Preparado fisicamente — este ponto é importante, pois uma negociação pode levar várias horas, sendo assim, a condição física tem grande destaque nesse momento. Algumas vezes um negociador vai a uma disputa de interesses quando está cansado, enfermo e isso pode comprometer o perfeito andamento do processo.

Compete ao negociador: planejar, montar estratégias e agir com o fim de obter o acordo. Para cada momento da negociação existe uma ação a ser aplicada, ou seja, uma estratégia a ser definida. Dentro dessas estratégias ou desses planejamentos podemos destacar alguns:

a) saber quais são os verdadeiros interesses da negociação;

b) saber quais são os resultados esperados;

c) analisar quais são os aspectos positivos e negativos dos seus argumentos;

d) estar atento aos detalhes.

Para se preparar para resolver uma disputa tem-se de ter em mente os enfoques que serão usados na solução do problema. *Ury*, *Brett* e *Goldberg*(5)

---

(5) URY, William; BRETT, Jeanne M.; GOLDBERG, Stephen B. *Op. cit.*, p. 3-4.

mencionam três enfoques que devem ser dados na resolução de disputas, que são: *intereses, derechos y poder* (interesse, direito e poder). Aduzem:

> Al resolver una disputa, las partes puden elegir concentrar su atención en uno o varios de estos factores básicos. Pueden buscar: 1. conciliar sus inetereses subyacentes; 2. determinar quién tiene la razon, y/o 3. definir quién es más poderoso.
>
> [Tradução livre: Ao resolver uma disputa, as partes podem decidir concentra-se em um ou vários fatores básicos. Podem buscar 1. conciliar seus interesses subjacentes; 2. determinar quem tem razão e/ou 3. definir quem tem mais poder.]

Vamos fazer uma abordagem de cada elemento citado.

Conciliar interesse — certamente todos nós temos interesses que são diferentes de outras pessoas, bem como há aqueles que são iguais. Quando, porém, esses interesses são ameaçados, nos sentimos amedrontados e se faz necessária a retomada do equilíbrio como instrumento para solução da disputa. Esses interesses, que são desejos, necessidades, são também denominados "interesses subjacentes". Vejamos o exemplo abaixo:

> O Diretor de Vendas de uma empresa de eletrodomésticos discute com o Diretor de Produção com relação à quantidade de modelos de televisores que serão produzidos. O diretor de vendas quer produzir mais modelos. O seu interesse está em vender mais televisores; se houver mais modelos, haverá mais opções para os consumidores e, por fim, aumentarão as vendas.(6)

Determinar quem tem razão — verdadeiramente, esta é a tarefa mais difícil em uma negociação. Quem vai negociar, com o intuito de resolver uma disputa, é porque acredita ter razão em seu argumento e, portanto, ter razão significa dizer estar do lado certo. Por muitas vezes os negociadores tentam desfazer o argumento da outra parte fazendo-o parecer frágil, para que haja o desânimo quanto a ter razão, fazendo uso da famosa Dialética Erística do filósofo *Arthur Schopenhauer*,(7) que em vez de procurar a verdade, quer destruir o adversário na negociação. Na busca em ter razão, por várias vezes, o ser humano demonstra a sua perversidade, em regra, quem usa deste estratagema tem o objetivo de alegar que não entende a razão pela qual a outra parte está

---

(6) URY, William; BRETT, Jeanne M.; GOLDBERG, Stephen B. *Op. cit.*, p. 7.

(7) Dialética Erística é uma arte da discussão contenciosa, que, utilizando os instrumentos da dialética, da sofística e da retórica aristotélicas, abrange os aspectos psicológicos do duelo argumentativo, ao mesmo tempo em que deixa de lado as regras de ordem ética que faziam da dialética aristotélica um instrumento confiável de investigação.

usando tal argumento. Como se dissesse: "o seu argumento é tão contundente e eu sou tão limitado, que não consigo entender aonde você quer chegar com isso, ou seja, não consigo entender o seu raciocínio".

Quem tem mais poder – em uma disputa, o que mais importa para um debatedor é a demonstração de força, de poder. É por meio dessa demonstração de força e de poder que o homem subjuga o outro. Ao mostrar que é poderoso e que o seu poder é maior do que o do seu adversário, age como se já fosse o vencedor.

É bom saber o que significa a palavra "poder". Surgiu no século XIII e cujo entendimento em uma negociação pode soar como ameaça, forçando alguém a fazer o que, talvez, por livre arbítrio não faria. Quando as pessoas estão no exercício do poder, elas tendem a tomar várias atitudes para impô-lo. *Gregório Billikopf Encina* diz "Good people sometimes do and say things they later regret"[(8)] (pessoas boas algumas vezes fazem e dizem coisas que mais tarde se arrependem). Geralmente, a imposição do poder é demonstrada por meio de atitudes agressivas verbais ou físicas ou por meio de ameaças psicológicas que põem em perigo os valores e os interesses da parte que está sendo coagida.

Como conduzir uma negociação

A condução da negociação tem uma importância vital na obtenção de um "sim" de ambas as partes que estão em busca desse acordo.

Um dos pontos-chaves para condução de uma negociação é passar a entender o ponto de vista da pessoa a quem chamamos de "adversário". Colocar-se no lugar do outro é uma boa estratégia para entender a possibilidade de uma resposta positiva. Certa vez, *Henry Ford*, um dos presidentes dos Estados Unidos da América, cuja característica era o respeito ao ser humano, principalmente quando estava em negociação, falou:

> If there is some secret to achieve success, it consists in the ability of understand the point of view of the other and see the things as good as by his/her angle as well as yours.
>
> Em uma tradução livre:
>
> Se há algum segredo de sucesso, ele consiste na habilidade de apreender o ponto de vista da outra pessoa e ver as coisas tão bem pelo ângulo dela como pelo seu.

---

(8) ENCINA, Gregório Billikopf. *Helping people resolving differences*. Empowering stakeholders. University of California.

Portanto, ao conduzir uma negociação, o negociador deve deixar a sua vaidade de lado e se perguntar, "como eu agiria se estive no lugar dele?"; "qual seria a resposta que eu daria?". Esta reflexão fará com que o negociador tenha mais chances de obter um acordo, mesmo que não seja desejável, mas que seja aceitável.

Devemos entender que, em uma negociação, o objetivo não é derrotar o adversário e obter um acordo, não se deve ter a intenção de explorar as pessoas e de ser egoísta olhando apenas para si.

Seguindo a mesma linha de pensamento, *Owen D. Young*, citado por *Dale Carnegie*, disse: "o homem que pode colocar-se no lugar de outros homens, que pode compreender as maquinações dos seus cérebros, não precisa ter preocupações acerca do que lhe reserva o futuro".[9]

Quando as pessoas que estão em uma negociação se sentem valorizadas, elas tendem a valorizar também a opinião e as atitudes do oponente. Quando consideramos a opinião do outro, não significa dizer que concordamos com ele, mas que entendemos o seu ponto de vista. Para algumas pessoas, colocar-se no lugar do outro é um gesto de humilhação, de perder poder diante do confronto, entretanto, eu acredito que esse modo de agir é uma atitude de dignidade e altivez.

O adversário na negociação

"Eu vou mostrar para ele com quantos paus se faz uma canoa." "Ele não sabe com que se meteu." "Quero ver se ele é melhor do que eu." Essas frases são típicas de pessoas que se sentem amedrontadas e ameaças diante de um conflito e, por conseguinte, passam a construir a imagem do inimigo, para que, só assim, tenham condições de usar de sua perversidade e possam ter legitimidade de usar o seguinte argumento: "Estou negociando com um inimigo. Por isso devo agir dessa forma".

Devemos ter em mente que, em uma negociação, não existe adversário e nem tampouco inimigo. Há divergências de interesses e valores; sendo assim, as pessoas que estão com essas diferenças devem sentar-se para conversar e encontrar uma solução pacífica para conciliar esses interesses, isso não significa dizer que, em uma negociação, as partes devem abdicar daquilo que acreditam ser verdade, mas precisam, também, compreender a verdade da outra parte.

---

(9) CARNIGIE, Dale. *Como fazer amigos e influenciar pessoas*. Tradução Fernando Tude de Souza. 51. ed. São Paulo: Companhia Editora Nacional, 2003. p. 92.

Caso

Certa vez uma pessoa entrou no escritório de um advogado conhecido como um dos melhores de sua cidade, porque não dizer o melhor, sentou na cadeira e o então advogado disse: "Pois não, o que a traz aqui?". De imediato o cliente respondeu: "Estou com um sério problema com uma pessoa e quero destruí-la". O advogado, pela sua vasta experiência, falou: "Pois bem, conte-me o que aconteceu".

O cliente continuou: "Bem, eu tenho um amigo, digo, tinha um amigo, pois os amigos não são covardes e não nos traem. Tínhamos uma sociedade em um comércio, então ele resolveu fazer algumas modificações na administração e eu não concordei, e não concordo, pois eu acho que as mudanças que ele quer fazer afetarão as vendas e não vamos poder pagar as nossas contas e vamos quebrar. Então eu decidi sair do negócio e quero a minha parte, mas também quero deixá-lo sem nada".

O que acabamos de ler é o que ocorre todos os dias. Existem pessoas que vivem na esperança e na expectativa de ver outras pessoas destruídas e arruinadas e ainda sentem o prazer de dizer: "Fui eu quem as destruiu".

O que há de mais fácil no mundo é fazer uma imagem ruim de alguém ou até mesmo uma imagem de inimigo, basta que esta pessoa contrarie os nossos interesses, necessidades e valores.

Certamente, todos nós temos uma série de necessidades, interesses e valores que trazemos da infância e com o tempo modificamos, adaptamos, rechaçamos, ou simplesmente fazemos de conta que não existem ou nunca existiram.

Quando falamos do inimigo, adversário, oponente, estamos nos referindo a uma outra pessoa que está em contenda conosco, seja em nível macrossocial ou microssocial, que vai da área mais simples de nossas vidas às mais importantes, conflitos entre sociedades ou países, entre grupos, entre famílias etc.

É comum acharmos que a outra pessoa, aquela que faz parte de um grupo diferente do nosso — e é por isso que a chamamos de "outra pessoa", pois se fizesse parte do nosso grupo, seria denominada de *meu colega, minha colega, meu amigo ou minha amiga* —, ameaça o nosso sistema de necessidade e valores e, sobretudo, ameaça algumas condições pessoais. Quando isso ocorre, vemos esta outra pessoa como nosso adversário e, conseqüentemente, esta imagem criada por nós gera emoções de medo, raiva e ódio, então construímos estereótipos ou preconceitos em relação a ela e, quando isso acontece, podemos até chegar a ter atitudes agressivas no momento em que estamos cara a cara com esta pessoa em uma negociação de conflitos.

A imagem do inimigo é criada quando se está envolvido em um conflito e as nossas mentes nos impedem de ver as virtudes dos outros, pois olhamos com os olhos da mágoa e do sentimento de vingança, uma vez que a outra pessoa apresenta-se como uma ameaça às nossas necessidades básicas.

Alicia Barbero Domeño faz uma abordagem muito interessante e ao mesmo tempo pertinente, quando define "a imagem do inimigo". Ela diz de forma simplificada que podemos definir a imagem do inimigo como:

> "Aquel proceso que, por el hecho de sentir que una persona o un grupo de personas diferentes amenzam nuestras necesidades y valores, nos hace verlos de forma distorsionada y nos lleva a discriminarlos, excluirlos, o incluso eliminarlos".(10)

Muitas vezes só queremos ver aquilo que nos interessa ou aquilo que realmente queremos ver. Agindo dessa forma teremos a sensação de estarmos com razão em relação as nossas atitudes, de nos fazer justificados pelos nossos atos errados e desrespeitosos para com o ser humano.

Observe a figura abaixo, o que você vê?

Portanto, conclui-se que a imagem do inimigo está inserida no contexto do conflito e o que este representa para mim e se ele constitui-se em uma ameaça para as minhas necessidades, interesses e valores.

As nossas condutas estão pautadas na satisfação das nossas necessidades e valores, conforme já falamos, portanto, compete lembrar que para cada uma dessas necessidades e para cada um desses valores há uma hierarquia para que haja um bom desempenho da personalidade das pessoas e da perspectiva

---

(10) DOMEÑO, Alicia Barbero *et al. Deconstrui la imagem del enimigo*. Escuela Cultura de Pau. Universidad Autónoma de Barcelona, p. 4. Tradução livre: "Aquele processo que, pelo fato de sentir que uma pessoa ou um grupo de pessoas diferentes ameaça nossas necessidades e valores, nos faz vê-lo de forma distorcida e nos leva a discriminá-lo, excluí-lo e até eliminá-lo".

de como ver o outro, principalmente quando este outro está inserido num contexto conflituoso.

Para que uma pessoa seja considerada uma ameaça aos elementos citados no parágrafo anterior é preciso analisar o que faz alguém sentir-se ameaçado, e para isso basta que esta pessoa interfira na realização das necessidades propostas pelo psicólogo americano *Abraham Harold Maslow*,[11] em sua Proposta da Hierarquia das Necessidades de *Maslow*, que tem o seguinte formato conforme representado abaixo.

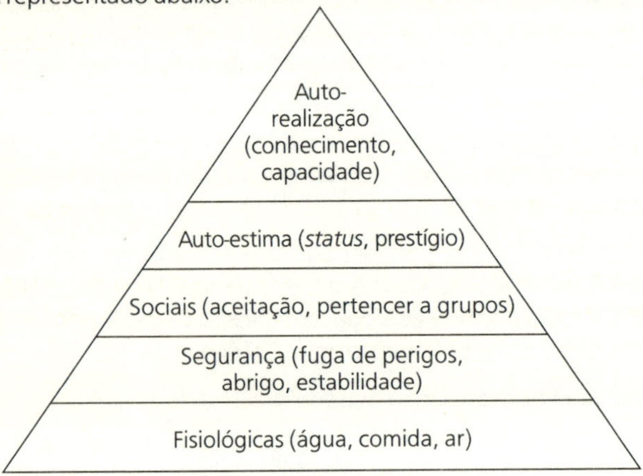

1. **Necessidades fisiológicas** – são as necessidades mais básicas, mais físicas, tais como água, comida, ar etc. Quando não temos estas necessidades satisfeitas, ficamos mal, com desconforto, irritação, medo, doentes. Esses sentimentos e emoções conduzem o ser humano a tentar diminuí-los ou aliviá-los o mais rápido possível para poder estabelecer o equilíbrio interior. Satisfeitas essas necessidades, abandonamos essas preocupações e passamos a nos preocupar com outras coisas.

2. **Necessidades de segurança** – no mundo conturbado em que vivemos, procuramos fugir dos perigos, estamos sempre em busca de um abrigo, segurança, proteção, estabilidade e continuidade.

3. **Necessidades sociais** – o ser humano precisa amar e pertencer. Existe a necessidade de ser amado, querido por outros, de ser aceito

(11) Trabalhou no Massachussetts Institute of Technology – MIT, fundando o centro de pesquisa National Laboratories for Group Dynamics. A pesquisa mais famosa foi realizada em 1946, em Connecticut, numa área de conflitos entre as comunidades negra e judaica. E sua principal teoria foi propor a hierarquia das necessidades.

pelos grupos sociais, a fim de que se sinta necessário a outras pessoas ou grupos de pessoas. No local de trabalho, na igreja, na família, no clube etc.

4. **Necessidades de auto-estima** — obter prestígio, demonstrar ser competente, alcançar *status*, obter aprovação e ganhar reconhecimento. Há dois tipos de estima: a auto-estima e a hétero-estima. A auto-estima é derivada da proficiência e competência em ser a pessoa que se é, é gostar de si, é acreditar em si e dar valor a si próprio. Já a hétero-estima é o reconhecimento e a atenção que se recebe das outras pessoas.

5. **Necessidades de auto-realização** — realização como pessoa, e para tanto usa a demonstração do que é capaz de fazer. Quer deter o conhecimento, experiências estéticas e metafísicas.

Todos os interesses convergem para um direito subjetivo e que, conseqüentemente, está arraigado a um valor que é intrínseco ao desejo de cada um, que é o de atingir os seus objetivos pessoais. "O interesse constitui o núcleo prático do direito subjetivo".[12]

Existem outras teorias e ilustrações de como se pode entender os interesses que dirigem uma negociação. Segundo *Acland (apud De Los Rios)*,[13] a pirâmide dos interesses e necessidades tem a seguinte forma:

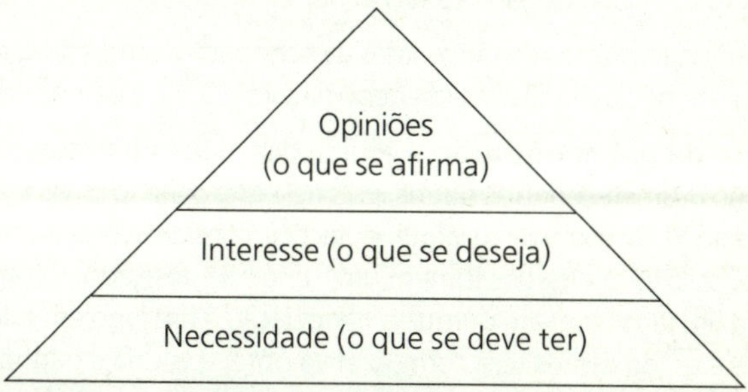

Contudo, todos esses aspectos de necessidades e valores podem ser alterados pelas nossas emoções e sentimentos.

Freqüentemente, tais sentimentos alteram as nossas percepções e é nesse momento que começamos a ver o outro como um obstáculo, uma verdadeira ameaça para a satisfação de nossas necessidades básicas. Sendo assim, quando estamos diante dessas circunstâncias, é possível que vejamos a outra pessoa como um adversário.

(12) IHERING, Rudolf von. *A luta pelo direito*. São Paulo: Martin Claret, 2004. p. 53.

(13) DES LOS RIOS, Bruno. *Suplemento de actualización profisional*. La ley. Medios alternativos de resolución de conflictos, negociación y mediación. Asunción, p. 16.

Capítulo IV

FASES DA NEGOCIAÇÃO

Não tenhas inveja dos homens malignos, nem queiras estar com eles, porque o teu coração maquina violência e os teus lábios falam para o mal.
(Provérbios 24,1-2)

Como qualquer outro processo, a negociação também é composta de fases bem planejadas para que se possa lograr êxito no momento que for preciso. Se qualquer negociador iniciar uma negociação sem observar as fases que envolvem esse processo, certamente ele terá uma grande probabilidade de ter insucesso e não chegará ao tão almejado acordo.

Para entendermos como são as fases da negociação, vamos dividi-las em três: 1. fase da pré-negociação; 2. fase da negociação; e 3. fase da pós-negociação.

1. **Fase da pré-negociação** – é uma das mais importantes de todo o processo, não desmerecendo as outras, pois nela está contido o planejamento de defesa, de ataque, de controle, de argumentações, considerações, estratégias para pôr em uso, caso as discussões tomem um rumo não desejado. É como alguém que vai para um jogo, sim, até porque a negociação é um jogo em que as cartas são jogadas e os jogadores têm com objetivo obter a vitória e ganhos mútuos.

É nesta fase que o negociador decidirá como atuará na negociação. Alguns pontos devem ser destacados nessa fase pelo negociado, tais como:

a) quais são os verdadeiros interesses na negociação;

b) como deve se comportar diante da outra parte, se considera como: amigo, não amigo ou inimigo. Que tipo de relação vai manter com outro;

c) o tripé da negociação: objetivo, tempo e comportamento em relação ao processo de negociação:

- fazer um estudo bem minucioso sobre o conflito;
- conhecer com quem vai negociar;

• escrever os pontos relevantes para o debate;

• entender o que realmente há de valor na discussão, observando os detalhes.

Alessandra Gomes diz que:

Para que o procedimento com a outra parte inicie-se de maneira adequada é preciso que seja ele pensado ainda antes do primeiro encontro ou primeira conversa. A maneira como iniciamos nosso contato com o outro lado pode ser vital para abrir as portas para um possível acordo.(1)

Outro aspecto muito valioso que deve ser levado em consideração na fase de pré-negociação é *tentar se colocar no lugar do outro*, pois só assim pode-se ter uma visão aproximada de como será a reação do outro diante do conflito, usando-se a velha pergunta-se: "o que eu faria se fosse ele?".

2. **Fase da negociação** — passados os arranjos da preparação da primeira fase, agora é chegado o momento para enfrentar a segunda fase que é a Negociação propriamente dita. Nessa fase, os negociadores colocarão em prática todas as técnicas aprendidas nos centros acadêmicos de negociação, contudo, há de se observar pontos relevantes nessa fase, conforme citaremos alguns a seguir em conformidade com algumas sugestões de *Ury*, *Fisher*, *Patton*:

• insistir em critérios objetivos;

• facilitar a decisão do outro;

• indagar sobre as preferências do outro; isso não significa dizer que você aceita ou concorda;

• negociar com base em princípios.

Os itens mencionados acima têm um peso muito grande para se chegar a um acordo aceitável. Também podemos aduzir outros valores na fase da negociação, como:

a) Entender o que realmente o outro quer;

b) Ser flexível; isso não significa dizer que se deve ceder;

c) Não insistir em ter razão; entender que a razão está com os dois lados.

Quando os jogadores estão no processo de negociação, é muito comum que um deles espere o instante de desequilíbrio do outro para aproveitar-se, então desenvolve todas as suas habilidades maquiavélicas e a outra parte, nessa fase, deve manter-se firme em seus propósitos e em seu equilíbrio emocional,

---

(1) SILVA, Alessandra Gomes do Nascimento. *Op. cit.*, p. 19.

pois é nesse momento que o oponente, se tiver maior poder de persuasão, procurará conquistar e desequilibrar o outro jogador por meio de conversas demasiadas, para que o outro negociador se convença de seu pensamento e passe a concordar com as suas idéias.

Muito embora sendo a fase da negociação um momento de tensão, considero-a mais branda do que a fase de pré-negociação, uma vez que já se conhece o outro, já se tem uma idéia de como é o seu modo de jogar, possibilitando, assim, adaptar as suas técnicas para disputa.

3. **Fase da pós-negociação** — terminada a fase da negociação, vem a fase da pós-negociação. É nessa fase que as partes oficializarão os acordos. Devemos observar que, se a negociação promoveu um acordo aceitável, de ganhos mútuos, certamente o cumprimento do acordo será feito de forma harmoniosa e efetiva, contudo, se no decorrer da negociação houve imposição de poder ou foi usada coação para chegar-se ao "sim", isso demonstra que, ao concluírem o acordo, o seu cumprimento, possivelmente, passará por dificuldade parcial ou total. Isso que dizer que o negociador que entendeu ter cedido demais ou ter perdido o jogo certamente criará obstáculos para o cumprimento do que foi acertado durante a negociação. Pois mesmo que o negociador, na demonstração de querer ser hábil ou mais esperto para ganhar um acordo, leva o outro a uma decisão equivocada, trará sobre si problemas de pós-negociação.

> Conta uma fábula de *Esopo* que:
>
> Um lavrador desatrelou os seus animais e os levou para o bebedouro. Um lobo que, faminto, procurava o que comer, encontrou a charrua. Começou a lamber a canga. Depois, ao passar o pescoço por baixo, ficou preso, e, sem se dar conta, começou a puxar a charrua pelo campo. Ao voltar do bebedouro o lavrador o viu e disse: "Maldito animal, não vai querer dizer que deixou de pilhar e de fazer o mal para lavrar a terra!".
>
> Conclusão: não adianta os maus quererem passar por virtuosos, a forma como o fazem os desacredita aos olhos dos outros.

O lado positivo da negociação é a capacidade do negociador em manter o relacionamento com a outra parte, principalmente se na negociação estiver em jogo relações empresariais de negócios entre pessoas que precisam das outras. Portanto, nessa fase, deve-se fazer um acompanhamento de todo o processo, certificando-se de que houve satisfação na decisão, que não ficaram arestas e buscar a possibilidade de voltarem a ter uma convivência amigável, pois, sobretudo, foi esse o intuito da negociação: o de preservar a convivência saudável e harmoniosa das partes que estavam em disputa. Se os negociadores conseguirem manter esse relacionamento, então, o papel desse meio alternativo autônomo, pacífico, de resolução de disputa foi eficaz e cumpriu a sua tarefa com louvor.

As barreiras na negociação

Primeiramente, deve-se entender que, sendo a negociação um jogo, conforme afirmam *Carlos Altschul* e *Enrique Fernandez Longo*, este deve ser ou estar repleto de dificuldades para a sua execução. Eles ainda aduzem que, "se jogarmos mal, nos faz lembrar a lei da selva, onde prevalecia o mais poderoso".

Um dos itens a ser discutido quanto às barreiras na negociação é a falta da verdade ou a mentira disfarçada de verdade por parte de um dos negociadores ou de todos. A prevalência da honestidade permite que haja maior propensão para culminar com acordo entre as partes.

Entre os fatores que impedem a negociação está a comunicação, ou melhor, a falta de comunicação entre as partes, sendo este o maior entrave para a solução de disputa, esse assunto abordaremos no próximo parágrafo. Agora vamos apontar os elementos que têm grande participação para o não acontecimento de uma negociação, ou até mesmo impede que esta flua de forma pacífica e que se chegue a um acordo pelo menos aceitável e não imposto, são eles:

A luta pelo poder — este elemento configura-se com um verdadeiro obstáculo na fase da negociação. Quando uma das partes quer demonstrar que tem mais força e mais poder que a outra, fica evidente que a negociação não poderá prosseguir, uma vez que, na negociação, o objetivo é encontrar interesses comuns ou ganhos mútuos.

Emoções fortes — quando na negociação ou até mesmo na fase de pré-negociação as partes estão envolvidas por fortes emoções e, sobretudo, quando estas estão descontroladas, pois as emoções fortes impedem que a comunicação flua e, conseqüentemente, agravam a negociação.

Perda de prestígio — a vaidade é uma grande barreira para que haja uma negociação, porque as pessoas temem perder o prestígio ao se enfrentarem em uma negociação, porque o ato de negociar representa para muitas pessoas uma humilhação, como se estivessem se rebaixando ao outro.

Insistir em ter razão — há pessoas que necessitam se afirmar como as donas da verdade. Não é incomum ouvirmos a célebre frase "eu tenho razão". Quando existe um verdadeiro entrincheiramento pelo insistir em ter razão, porque nós sempre estamos com os interesses voltados para resolver os nossos problemas, o que esquecemos é que os nossos problemas, em regra, envolvem outras pessoas para sua inteira solução. Querer sempre ter razão demonstra uma insegurança incomensurável.

Certa feita alguém enviou para mim uma história muito interessante. Leiam abaixo:

> Paul recebeu um telefonema de um amigo para jantar em sua casa, pois o chefe deles havia chegado e marcara um encontro com todos os colegas. Então, Paul telefonou para sua esposa às 17 horas dizendo que ela se arrumasse, pois eles iriam a esse jantar. Como é um ritual entre as mulheres, às vezes, algumas delas demoram um pouco para se arrumar. Pois bem, o jantar estava marcado para as 20 horas e já eram 20h30 e a esposa de Paul ainda estava terminado de se arrumar. Bem, às 21 horas saem os dois. Paul bastante irritado, soprando, resmungando e a sua esposa, como uma perfeita e genuína mulher, o orientava por todo o caminho dizendo: "olha a bicicleta, olha o semáforo vermelho", e assim por diante. Nesse meio tempo Paul decide parar o carro e diz: "se você continuar falando, eu volto para casa". A esposa concordou em ficar calada, mas depois de alguns minutos voltou a dizer a Paul que ele deveria dirigir com mais cuidado. Paul freou o carro bruscamente e disse com um tom de voz bravo: "vou voltar para casa". Entretanto, a mulher sábia disse: "não, por favor, eu prometo que não falarei mais". Paul seguiu o seu caminho, os dois ficaram calados todo o tempo. Lá adiante havia uma bifurcação, e Paul colocou a mão na cabeça e falou para si mesmo "à direita ou à esquerda?" E a sua esposa disse "à direita". Paul olhou para ela e retrucou: "não, à esquerda!". Lá foi Paul à esquerda, e depois de alguns minutos percebeu que estava no caminho errado, em uma rua sem saída. Daí olhou para sua esposa e falou com um tom de voz calmo "você estava tão certa, com tanta convicção que era à direita, por que não insistiu comigo em entrar à esquerda?". E ela respondeu: "escolhi entre ser feliz ou ter razão. Se eu tivesse insistido em ter razão, dizendo que você deveria entrar à direita, possivelmente você se irritaria e voltaria para casa e estragaríamos a nossa noite, sendo assim, optei em ser feliz, vamos chegar atrasados, mas vamos chegar".

A insegurança das pessoas diante de um conflito — há pessoas que se sentem muito inseguras, temerosas e, por vezes, muito preocupadas diante de um conflito por terem de baixar a guarda e não conseguir ter idéias criativas para desenvolver na hora da negociação do conflito e essa insegurança causa uma barreira para a solução e a chegada de um acordo.

A falta de capacidade técnica das partes — para que se possa enfrentar uma negociação é necessário que se tenha habilidade para tal. Por tratar-se de um jogo, não se vai jogar sem saber quais são as estratégias que se devem usar e como saber usá-las, pois toda negociação profissional envolve um série de técnicas.

Capítulo V

A COMUNICAÇÃO NA NEGOCIAÇÃO

No muito falar não falta transgressão,
mas o que modera os lábios é prudente.
(Provérbios 10,19)

Antes de iniciarmos falando sobre a comunicação efetiva no processo de negociação, é necessário primeiro entendermos como se constitui o processo da comunicação humana. Já abordamos este tema em capítulos anteriores, sobre a importância da comunicação em qualquer ato da vida humana, e na negociação esta se torna decisiva para chegar-se a um acordo aceitável e, sobretudo, confiável.

Comunicação é uma palavra de origem latina *comunnicatione*, que o dicionário Novo Aurélio Século XXI define como:

> Ato ou efeito de emitir, transmitir, receber mensagens por meio, métodos e/ou processos convencionais, quer através da linguagem falada ou escrita, quer de outros sinais , signos ou símbolos, quer de aparelhamento técnico especializado sonoro e/ou visual.

A comunicação pode ser classificada em várias acepções:

Comunicação humana — teoria da comunicação social, própria, certamente dos seres humanos, é baseada em sistemas de signos que forma a linguagem falada, que se difere da linguagem entre animais ou máquinas, baseada em sistemas de instruções ou comandos;

Comunicação de massa — dirigida a uma ampla faixa de público, anônimo, disperso e heterogêneo, cujo fim é atingir simultaneamente uma grande audiência;

Comunicação interpessoal — direta e estabelecida entre dois ou mais indivíduos. Esta é a comunicação típica da resolução alternativa de disputas, em nosso caso, a negociação;

Comunicação não verbal — baseada em sistema de significação independente de linguagem falada. É nessa forma de linguagem que por muitas vezes surge um conflito, pois nela cabem as mais diversas formas de interpretação, uma vez que ela é baseada em mímicas, gestos faciais, gestos corporais entre outros;

Comunicação verbal — baseada na fala ou na escrita;

Comunicação visual — baseada no uso de canal visual para transmissão da mensagem.

Todas as formas de comunicação mencionadas acima podem fazer parte de um processo de negociação.

Vamos representar os elementos da comunicação no quadro abaixo da seguinte forma:

Referencial
(contexto relacionado ao emissor e receptor)
↓

Emissor (quem fala) → **Mensagem** (o que se fala/conteúdo) ← **Receptor** (escuta/ouve/interpreta)

↑
Canal
(meio usado para circular a mensagem)

Código (conjunto de signos usados na emissão e na recepção da mensagem)

Pode-se observar que o processo da arte de se comunicar não é fácil, porque toda comunicação depende de como o outro vai interpretar os códigos emitidos. A comunicação faz parte de contexto emocional que, em sua maioria, dependendo de como o receptor decodifica a mensagem, vai interferir nas necessidades apresentadas por *Maslow*. Toda lei só é boa quando quem a procura é beneficiada por ela de forma direta ou indireta. Sendo assim, a mensagem, quando é mal interpretada, mal recebida, quando existe ambigüidade, obscuridade ou até mesmo falácia, no mesmo instante que o receptor a recebe passa a ver no emissor um inimigo, alguém que o ameaça.

Olhe e a analise as figuras a seguir como sendo mensagens que nos permitem mais de uma interpretação visual, pois é assim mesmo que ocorre com o nosso dia a dia, e não seria diferente de uma negociação na qual prevalece um sentimento "de ganhar", "de levar a melhor".

Figura 1

Figura 2

Olhando para a figura 1, temos a mensagem da imagem de uma jovem bela, e se invertermos, olhando para figura 2, colocando-a de cabeça para baixo, teremos a imagem de uma senhora. É assim mesmo que ocorre quando negociamos, em alguns casos invertemos a mensagem do conflito só para obtermos a interpretação desejada, a fim de contestar o que foi dito e o que foi proposto para chegar a um acordo. Quando a outra parte faz uma proposta que é boa, aceitável, esta é representada pela jovem mulher, contudo, quando nós a recebemos e não concordamos, imediatamente transformamos a proposta feita em algo não tão belo, ou não tão bom quanto o nosso opositor pensa.

Conversas decisivas na negociação

Em toda negociação existe a prevalência de conversas que decidirão um impasse que fora criado por uma disputa de interesse, que, no entendimento de *Kerry Patterson*,[(1)] são denominadas de "conversas decisivas", aquelas *conversas cotidianas que afetam as nossas vidas.* Esta assertiva traz em seu conteúdo uma simplicidade muito grande para alguns pesquisadores, entretanto a sua profundidade é inigualável. *C. Northcote Parkinson*, citado por *Patterson*, diz que "o vazio criado pelo fracasso na comunicação é logo preenchido por intrigas, tolices e por mentiras". Essas conversas decisivas são caracterizadas porque em seus conteúdos existem três elementos fundamentais para desenvolver-se, que são:

a) grandes interesses envolvidos;

b) opiniões que variam; e

c) fortes emoções.

Verdadeiramente, não é fácil lidar com as conversas decisivas, uma vez que essas nos obrigam a tomar decisões que podem ter um efeito de profundas

---

(1) PATTERSON, Kerry *et al. Conversas decisivas:* ferramentas de negociação quando as apostas são altas. Tradução Cássia Maria Nasser. Rio de Janeiro: Campos, 2003. p. 15.

mudanças em nossa vida. Citemos como exemplo de uma conversa decisiva quando uma mulher fala para um homem: "meu amor, precisamos discutir a nossa relação". *Patterson* aduz que, quando lidamos com conversas decisivas, podemos ter três atitudes, a saber:

a) evitá-las;

b) enfrentá-las com ineficiência; ou

c) enfrentá-las com eficácia.

Na negociação, é muito comum quando a outra parte nos faz ataques verbais, tenta esquivar-se por meio de uma comunicação verbal violenta, usando palavras de desrespeito, dificultando o bom andamento do processo de negociação.

O silêncio também pode ser considerado um ato de comunicação em uma negociação. Quando um negociador ou os negociadores se sentem inseguros, tendem a usar o silêncio como sinal para enfrentar a disputa de forma ineficiente. Este ato favorece para que nenhuma informação chegue ao outro. Vale salientar que ninguém é obrigado a constituir prova contra si, portanto, o silêncio pode ser uma estratégia na negociação seguindo a máxima: "quem muito fala muito se incrimina".

Para que uma negociação possa fluir e dar bons frutos, ou seja, chegar a um bom acordo, é necessário que a comunicação entre os negociadores seja eficaz e que, sobretudo, tenha os seguintes elementos:

Clareza — seja honesto, não use palavras que confundam a outra parte ou que suscite a ira e acirre a contenda. Fale de assuntos que sejam de verdadeiro interesse do outro, pois de nada adianta ir a uma negociação pensando apenas em você e nos seus ganhos. Lembre-se de proporcionar ganhos mútuos. É com a conversa franca e verdadeira que os relacionamentos se fortalecem.

Precisão — a precisão na hora de falar é definitivamente um ponto-chave na negociação. Na negociação, se o outro perceber que não há precisão nas propostas e nas conversas, obviamente haverá um clima de desconfiança. Não basta ser sincero, preciso em suas convicções, tem de parecer tudo isso, como no caso da mulher de César, a quem não bastava ser honesta, tinha de parecer honesta.

Ordem lógica — toda conversa requer um mínimo de ordem lógica para dar andamento aos seus pensamentos. Quando alguém faz um pedido ou uma pergunta, certamente a resposta deverá ser de acordo com o que foi pedido ou perguntado, assim o é na hora da negociação: compete ao negociador estruturar os seus pensamentos, as suas idéias com coesão e coerência. Não vale de nada fazer propostas absurdas sem que contemple os interesses do outro, podendo até soar como desrespeito ao processo de negociação.

Capítulo VI

NEGOCIANDO COM ÉTICA

Jamais pleiteies com alguém sem razão se te não houver feito mal.
(Provérbios 3,30)

Para qualquer tipo de atividade, o ser humano deve exercê-la com ética, pois desta advêm os relacionamentos prósperos, a vida em sociedade de forma harmoniosa e respeitosa, a convivência profissional, familiar e todas as outras atividades em grupo.

A ética na negociação nem sequer deviria ser motivo para estudo ou mesmo conjecturas, todavia, existem algumas regras que são denominadas ética, as quais devemos lembrar que existem e, sobretudo, devem ser postas em prática.

Tenhamos como princípio ético na negociação o respeito pelo outro. É do respeito, da consideração e da atenção que temos pelo outro que podemos nos comunicar de forma mais amigável e confiante.

Como definir ética? Há questões que são éticas para um e não são para outros. Por exemplo, em uma negociação, usar de sofisma pode ser uma estratégia entendida como conduta ética para um negociador, enquanto para o outro pode ser considerada uma conduta antiética, por estar de encontro com as regras estabelecidas pela sociedade. Sendo assim, pode-se definir ética como um conjunto de valores e princípios que guiam a vida de uma pessoa em sociedade e que é estabelecido por esta.

Atrelada à ética está a moral, que poucos distinguem uma da outra. A forma latina de moral — *moralis* — foi muito usada e, sobretudo, foi formada por Cícero quando atuava no Senado romano. No preceito filosófico, é a parte desta que diz o que é certo, virtuoso, honesto e sensato. Preceitos que emanam da consciência e dos princípios que devem reger a sociedade, contrapondo-se ao vício, ao erro, à desonestidade, à mentira, à falácia etc. Pode-se dizer que ética é a ciência da moral, pois estuda, cataloga, faz estudos de valores, gera normas coorporativas com o objetivo de estabelecer os atos humanos dentro da comunidade em que o homem vive e, porque não dizer, sobrevive.

Algumas pessoas fazem diferença entre ética e moral de vários modos:

— ética é princípio, moral é aspecto de conduta específica;

— ética é permanente, moral é temporal;

— ética é universal, moral é cultural;

— ética é regra, moral é conduta da regra;

— ética é teoria, moral é prática.

Etimologicamente falando, ética vem do grego *ethos*, e tem seu correlato no latim *morale*, com o mesmo significado: conduta, ou relativo aos costumes. Podemos concluir que, etimologicamente, ética e moral são palavras sinônimas.

Atualmente, a palavra ética é usada em todos os lugares e em todas as instâncias. A prática da ética é pregada, exigida, aclamada por todos, na justiça, na escola, na política, na religião, na negociação, mas poucas vezes é aplicada. Comumente, ouve-se dizer "isso é antiético, é imoral, é áetico".

Vamos estudar alguns modelos éticos:

— ***Ética grega:*** a virtude não obrigatória, exigindo pré-requisitos e apresentando-se de forma distinta em relação a certos papéis sociais, achando-se dissociada do saber. O Mito da Caverna representa a idéia de bem. Alcançar o bem indica atingir o mais alto nível de sabedoria. O termo "sabedoria" foi substituído por Phronesis que quer dizer: um bom senso concreto, um saber vivo, um equilíbrio moral, um princípio de ação sereno e profundo, que não se poderia exprimir de outro modo, em termos aristotélicos, o que é por oposição à Sophia.

— ***Ética de salvação:*** elaborada durante a Idade Média, assim denominada por ter interpretado a ética grega com uma visão teológica, dando precedência à vida eterna. Para Aristóteles, o fim da moral é a ação dos homens.

— ***Ética social:*** elaborada nas nações protestantes, na época Moderna, com o propósito de fixar critérios para a incorporação de princípios morais à sociedade, já que a moralidade básica é entendida como sendo individual e dizendo respeito a uma relação com o Criador.

— ***Ética do dever:*** criada por *Kant*, que circunscreve o problema ético ao da fundamentação da moral, preconizando uma solução racional, sem recurso à divindade. Separação entre moral e religião.

— ***Ética eclética:*** que se propõe a conciliar o racionalismo kantiano com a simultânea admissão de inclinações morais nos homens do tipo ético adotada pelos neotomistas.

— ***Ética dos fins absolutos:*** os fins justificam os meios, que, sem abdicar dos pressupostos cientificistas, renasceu na época Moderna, e veio a ser encampada pelos marxistas.

— ***Ética de responsabilidade:*** proposta por *Max Weber*, que pretende fazer renascer a tradição kantiana, diz respeito à eliminação da dependência à religião, reelaborando-a para abandonar os vínculos que, porventura, tivesse estabelecido com a suposição de uma sociedade racional.

As tomadas de decisões éticas no processo de negociação têm muito a ver com o próprio negociador, a sua conduta, as suas técnicas para alcançar um acordo aceitável, as quais nós veremos mais adiante quando abordarmos o tema habilidades do negociador. Contudo, é possível mencionar algumas atitudes éticas para a conduta do negociador na negociação e no processo de pós-negociação. Vejamos quais são essas atitudes abaixo.

Respeito pela outra parte — já falamos sobre esse elemento, porém não custa lembrar que o respeito pelo outro é fundamental; não se deve ridicularizar nem menosprezar as propostas da outra parte, devemos tratá-las de forma cordial e atenciosa.

Sensatez — é também um princípio ético, pois é nesta que reside a importância do debate e da disputa.

Honestidade — é o fundamento maior de uma negociação. Não jogue sujo, usando falcatruas no jogo da negociação.

Compromisso — demonstre compromisso pelo assunto que está sendo tratado. Segundo o professor *Harry Overstreet* . "a ação emana daquilo que fundamentalmente desejamos". Se quiser compromisso da outra parte, demonstre primeiro você. Ninguém pode mudar a atitude de outro se não mudar a sua primeiro.

Não criar obstáculos — em uma negociação, é muito comum criar-se obstáculos para dificultar o acordo, isso é uma conduta antiética e que demonstra insegurança. Facilite, crie uma atmosfera amigável. Faça o bem.

"Os homens que recebem o bem quando esperavam o mal se sentem ainda mais obrigados com relação ao benfeitor".[(1)]

Não se vangloriar — o negociador ético não se vangloria em derrotar o outro, pois em uma negociação não dever haver vencedores, mas sim acordos aceitáveis, ganhos mútuos. Os negociadores estão com o objetivo de pôr fim a uma disputa e é comum que procurem usar o melhor dos argumentos, defendendo os seus interesses comuns ou incomuns, sendo assim, não cabe a vaidade nem a prepotência.

---

(1) MAQUIAVEL, Nicolau. *O príncipe*. São Paulo: Martin Claret, 2006. p. 73.

Capítulo VII

NEGOCIADOR

Portanto, tudo o que vós quereis que os homens vos façam, fazei-lho também vós, porque esta é a lei e os profetas.
(Mateus 7,12)

Negociador é a pessoa responsável em conduzir uma negociação e seu objetivo é encontrar uma solução para o impasse, buscando uma solução ou um acordo mesmo que não seja o desejável, mas que seja o aceitável.

Todos nós somos negociadores por natureza, pois da negociação depende a sobrevivência do ser humano. Negociamos para almoçar, para dirigir, para ir ao cinema, quando dizemos um simples: "você me dá licença?" ou mesmo "você me perdoa?". Somos negociadores, em potencial. A negociação empírica está com o homem desde os primórdios. Moisés negociou com o Faraó para libertar os judeus do cativeiro do Egito; Ló negociou com Deus para que Ele não destruísse Sodoma; recentemente ouvimos os países negociando entre si a libertação de reféns, entre muitas outras negociações.

Há dois tipos de negociadores, são eles: os negociadores por impulso ou empíricos e os negociadores profissionais. Negociadores por impulso ou empíricos são aqueles que agem pelo instinto apaziguador, sem usar técnicas, atuando apenas com sua habilidade de experiência de vida. Negociadores profissionais são pessoas treinadas, habilitadas e usam técnicas de negociação. São capazes de conseguir com mais facilidade um acordo, isso não quer dizer que uma pessoa que não tenha essas técnicas não consiga alcançar um acordo, mas quando o tema é tratado por um profissional, as chances de sucesso são bem maiores. Antes de qualquer outra coisa, o negociador tem de ser uma pessoa equilibrada emocionalmente, quer dizer, o negociador dever ter um excelente controle de suas emoções e sentimentos e, sobretudo, dever ser honesto consigo mesmo, analisando se está preparado para o ato da negociação.

Tipos de negociadores

Muito embora alguns autores afirmem que devemos nos preparar para negociar com pessoas difíceis, devemos ter em mente que no processo de negociação não existem pessoas difíceis, geralmente usam este gênero como disfarce, até por medo de demonstrar que não sabem como negociar. Também não existem *autor* e *réu*, as partes envolvidas na disputa são negociadores e sempre têm interesses pessoais na resolução da contenda.

Não se pode negar que cada negociador tem o seu estilo de negociar, faz um tipo difícil e no momento de negociar adota este como forma de defesa, a fim de não se expor ou demonstrar fragilidade.

No universo da resolução de conflitos, para cada tipo de pessoa, digo, negociador, temos de adotar uma conduta diferente, um estilo diferente, pois muitas vezes *o remédio que é bom para um pode não ser bom para outro com a mesma doença.* Não é porque se resolveu uma disputa com um determinado negociador usando uma estratégia, que se deva comportar do mesmo modo com outra pessoa.

Existem três categorias de negociadores difíceis, segundo o mestre *José Augusto Wanderley*:[1]

Incompetentes – que conhecem pouco, ou mesmo desconhecem o que estão negociando, bem como os fundamentos do processo de negociação; elevam as suas expectativas e tentam acordos irrealistas;

Com distorções e disfunções do seu estilo comportamental; e

Que só querem levar vantagem – centrados unicamente em seus próprios interesses e que se valem de todos os meios, inclusive os não éticos, para atingir seus propósitos.

Comportamento e tipos de negociadores

Os comportamentos dos negociadores podem ser classificados como: a) catalisador; b) controlador; c) apoiador; e d) analítico, levando em consideração as distorções e disfunções.

---

(1) WANDERLEY, José Augusto. Artigo "Como negociar bem com pessoas difíceis". Mestrado em Engenharia Industrial, PUC-RJ em Programação Neurolinguística, SBPL-SP. Autor do livro *Negociação total* (10. ed.) – Encontrando soluções, vencendo resistências, obtendo resultados. Colaborador do livro *Negociação: tecnologia e comportamento* (27. ed.), co-autor do livro *Gerente total* (6. ed.).

Abaixo vamos fazer uma abordagem de cada comportamento e tipo de negociadores.

Negociador catalisador — orientado para idéias, cuja necessidade principal é o reconhecimento. Quando desenvolve o lado positivo, possui qualidades bastante apreciadas. É criativo, empreendedor, persuasivo, estimulante e entusiástico. Quando desenvolve o lado negativo torna-se uma pessoa difícil, exclusivista, impulsivo, difícil de crer nas pessoas e fica extremamente inconstante.

Negociador controlador — tem uma grande necessidade de realização. Quando desenvolve o lado positivo, é decidido, objetivo, eficiente, rápido e assume riscos. Quando, porém, desenvolve o lado negativo, torna-se uma pessoa difícil, é crítico, muito exigente, gosta de dar ordens, impaciente e claramente insensível.

Negociador apoiador — tem como necessidade principal a aceitação, inclusão e pertencimento. Quando desenvolve o lado positivo, é amável, compreensivo, bom ouvinte, prestativo e joga para o time. Entretanto, quando desenvolve o lado negativo, torna-se extremamente gentil e demasiadamente agradável. Procura fazer com que os outros se sintam amados e acolhidos. Sempre evita conflitos, é extremamente dissimulado, ineficiente e não dá as suas opiniões sinceras. Promete com o único intuito de agradar aos outros.

Negociador analítico — sua principal necessidade é a segurança. Quando desenvolve o lado positivo, é organizado, sério, cuidadoso, paciente e controlado. Entretanto, quando desenvolve o lado negativo, torna-se meticuloso, teimoso quer tudo com perfeição. Sempre deseja mais informações e, em função disso, torna-se indeciso ou acaba se perdendo em mil detalhes. O negociador analítico negativista usa expressões como: "não há solução"; "já tentamos de tudo"; "é impossível".

Habilidades do negociador

Em um resumo bastante simplista, as habilidades de um negociador estão inseridas diretamente na sua condição de convencimento, digo, na sua oratória, contudo, sempre vislumbrando as possibilidades de ganhos mútuos, preservando a integridade moral e ética dos dois lados e buscando um acordo aceitável.

Um negociador habilidoso deve, primeiramente, gostar de se relacionar com pessoas, de somar forças e não de dividi-las, pois não há como chegar a um acordo se as partes em disputa estiverem interessadas única e exclusivamente em criar forças, uma vez que isso de nada adianta.

Dentro das mais variadas habilidades de um negociador existem as fundamentais, que abordaremos a seguir, esclarecendo que o que se falará são apenas orientações e sugestões, cabendo ao negociador desenvolver outras habilidades que julgue necessárias para cada negociação. Sendo assim, as habilidades vitais são as seguintes:

Saber ouvir — uma das virtudes mais relevantes do ser humano é saber ouvir, ser paciente ao escutar o relato da outra pessoa, permitindo que esta esgote o que tem para falar. Nunca interromper quando o outro estiver relatando as suas inquietudes, interesses etc.

Dennis Rivers(2) nos propõe tentar vencer os sete desafios que nos qualificarão a escutar melhor. Estes desafios são:

1. escutar com mais atenção e receptividade;
2. convidar para conversar e explicar a sua intenção;
3. expressar-se de forma clara e completa;
4. transformar nossas críticas e reclamações, e a dos outros, em pedidos e saber como explicá-los;
5. perguntar de forma mais direta e criativa;
6. demonstrar mais consideração; e
7. fazer de uma comunicação melhor uma parte importante da sua vida diária.

Separar pessoas do problema — lembrar que o que está em disputa não são as pessoas, mas sim o problema que as levaram para aquela disputa. Um exemplo muito claro do que é separar pessoa do problema é o que Deus faz com o homem: Deus ama o pecador, mas abomina o pecado.

Demonstrar ganhos mútuos — as partes têm de saber que serão beneficiadas e que haverá ganho para ambos no acordo.

Oratória — esta é uma grande estratégia do negociador, contudo não tente impor à outra parte propostas que esta não quer aceitar.

Nunca tente convencer o outro de que os seus argumentos são os melhores.

Dale Carnigie(3) conta que, de nove vezes em dez, uma discussão termina com cada um dos contestantes convencidos, mais firmemente do que nunca,

---

(2) RIVERS, Dennis. *The seven challenges*. 4. ed. Califórnia: Human Development Books, 2008. p. 4 e segs.

(3) CARNIGIE, Dale. *Op. cit.*, p. 167.

de que está absolutamente certo. Não se pode vencer uma discussão. Não se pode porque, se perder, perdeu mesmo, e, se ganhar, também perdeu. E por quê? Tudo bem, o seu argumento triunfou sobre o outro homem e arrasou seus argumentos cheios de pontos fracos e provou que ele é *non compos mentis*. Que acontece? Você o fez sentir-se inferior. Feriu-lhe o amor-próprio. E ele ressentirá o seu triunfo.

Não esqueça "um homem convencido contra a vontade, conserva sempre a opinião anterior".

Identificar interesses comuns — procurar áreas de concordância e descobrir quais são os interesses em comum entre as partes ajudam na resolução mais rápida do conflito.

Desenvolver o BATNA(4) — *Better Alternative to a Negotiated Agreement* (Melhor Alternativa para Negociação de um Acordo), isso significa dizer que não adianta falar em proposta sem ofertar alternativas viáveis para sua aceitação.

Não procurar culpados — é muito comum em uma negociação haver as considerações iniciais com acusações e culpando alguém por aquele conflito. Vamos lembrar quando Deus perguntou a Adão porque ele havia comido do fruto da árvore proibida e ele respondeu: "a mulher que tu me deste por companheira me fez comer". Indiretamente Adão disse que a culpa era de Deus por ele ter comido do fruto, porque Deus deu Eva a ele e foi ela quem o induziu, e Eva, por sua vez, respondeu em sua defesa: "foi a serpente que me induziu a comer do fruto da árvore proibida". Nós sempre tentamos achar um culpado para os nossos conflitos.

Flexibilidade — ser flexível não quer dizer ser covarde. Quando as pessoas estão em uma negociação, geralmente têm medo de dizer que estão entendendo a outra parte. Asseverar que entende o outro não significa dizer que concorda.

Demonstrar interesse pela outra pessoa — é um princípio muito importante de quem tem realmente interesse em ajudar as pessoas e resolver suas diferenças de forma amigável.

Concentrar-se nos interesses e não nas opiniões — o que mais vale em uma negociação são os interesses das partes e não as suas opiniões.

Acolher a divergência — lembre-se: insistir em ter razão é um grande mal para uma negociação.

Controlar os impulsos — *Carnegie* nos lembra mais uma vez que *você pode medir a grandeza de uma pessoa por aquilo que a deixa irritada*.

---

(4) Nomenclatura criada por Ury, Fisher e Patton no livro *Getting to yes*, do Program On Negotiation — PON da Harvard Law School.

Ver pontos positivos — apontar os pontos positivos e ver o problema com outros olhos ajuda o acordo. Veja de forma pacífica a disputa e crie um clima de harmonia, fazendo com que a outra parte também veja assim.

Há uma obra muito interessante da Fundação Getúlio Vargas[(5)] que traz um quadro de características dos negociadores brasileiros, que vamos demonstrá-lo abaixo:

Características dos negociadores brasileiros Média (considerando uma escala Likert de 5 pontos)				
Característica	**Mulher (N=110)**	**Homem (N=2570)**	**Total (N=367)**	**Classificação geral**
Íntegro	4,7	4,7	4,7	1
Cooperativo	4,4	4,3	4,4	2
Sincero	4,4	4,2	4,3	3
Afável	4,3	4,2	4,2	4
Determinado	4,1	4,0	4,0	5
Ouvinte	4,0	4,0	4,0	6
Ganha confiança da outra parte	4,0	4,0	4,0	7
Decidido	4,0	4,0	4,0	8
Empático	4,1	3,8	3,9	9

(5) CARVALHAL, Eugenio do. *Negociação e administração de conflitos*. Rio de Janeiro: FGV, 2006. p. 85.

Capítulo VIII

ALGUMAS TÁTICAS DE NEGOCIAÇÃO

Não diga: como ele me fez a mim, assim lhe farei a ele; pagarei a cada um segundo a sua obra.
(Provérbios 24,29)

Muitas pessoas falam sobre as táticas da negociação, também denominadas técnicas de negociação. No entanto, prefiro denominar essas palavras de "ferramentas para solução de conflitos". Esta minha preferência dá-se pelo fato de a palavra "tática" ter uma conotação pejorativa, oferecendo a idéia de manipulação. É como se usássemos uma tática com o objetivo de manipular a outra pessoa com quem estamos em disputa, fazendo-a concordar com algo que ela não crê e, sobretudo, não aceita o acordo, porém, por ser envolvida e induzida — estes são os termos mais adequados —, a outra pessoa acaba por aceitar o acordo.

Quando estamos em busca de uma solução para pôr fim a um conflito, cabe entender que o melhor acordo é aquele que é duradouro e não traz arrependimentos. Como falamos em capítulos anteriores: "mesmo que não seja desejável, mas que possa ser aceitável".

De fato, os instrumentos de negociação são as táticas e estratégias que trabalham para manter as partes sempre juntas com o fim de manter um relacionamento saudável após o acordo. Portanto, essas estratégias têm de servir para os seguintes princípios:

Never-try-to-convince — NTTC

Este estilo de negociação está baseado na atitude negativa de alguns negociadores que tentam constantemente persuadir a pessoa com quem está negociando, usando a Dialética Erística do mestre *Arthur Shcopenhauer*, na qual há 38 estratagemas de como vencer uma disputa sem ter razão.

Never-try-to-convince, que em língua portuguesa significa "nunca tente convencer", busca o entendimento por meio da reflexão e da auto-análise do conflito pelas partes que estão na disputa de seus interesses.

Todas as vezes que alguém é levado a concordar com a outra pessoa por meio do convencimento, quando cair em si e perceber que foi induzido a fazer algo que não queria, voltará, de imediato, a ter os mesmos pensamentos e as atitudes que tinha antes da negociação. Desta vez, os sentimentos voltarão com mais força, pois nesse momento residirá um sentimento de raiva por ter sido "enganado".

O ponto crucial para o sucesso em uma negociação, seja qual for o modelo de resolução alternativo de disputa usado, é o "por que devo agir dessa forma e aceitar este acordo?", sendo assim, quando a decisão em terminar o conflito for tomada, certamente não haverá arrependimento, embora não será o desejável, conquanto que seja o aceitável. Entretanto, se a decisão for tomada por qualquer ato de coação: psicológica, física, moral etc., quaisquer que sejam os resultados da pós-negociação, serão desastrosos.

Vejamos o caso abaixo:

Uma mulher saiu de casa, após ter recebido inúmeros telefonemas, cartas de cobrança de uma determinada empresa para qual ela devia uma considerável soma de dinheiro. Ao chegar à loja, deparou-se com um negociador, habilidoso, ávido para cumprir a sua meta do dia: fechar acordos, certamente age assim porque precisa manter o seu emprego. Ele a cumprimenta de forma bastante cordial, a faz sentar, oferece algo e parte para o ataque usando a seguinte frase: "bem, nós temos uma proposta imperdível para senhora". O uso da palavra "imperdível" já funciona na mente da mulher como: "não posso perder essa oportunidade". "Não posso sair daqui sem resolver este problema".

O negociador, por sua vez, usa de todas as técnicas para "convencer" aquela senhora de que ela está fazendo um excelente negócio.

Então se pergunta: "por que aquela senhora estava ali para negociar?"; "qual era o seu real interesse em acabar com aquela dívida?".

Bem, a mulher foi convencida a fazer um acordo. Ao voltar para casa, toda eufórica, conta o feito ao marido e imediatamente este, por estar fora da negociação, diz: "Não é possível, você cometeu uma grande bobagem". E continua, "Nós não podemos pagar este acordo. Existem outras prioridades em nossa casa".

A mulher fica parada e reflete sobre as palavras do marido, falando para si mesma: "será que fui mesmo enganada?"; "será que o rapaz da loja, que foi tão gentil comigo, me enganou?"; "não é possível!".

Lembrem-se, essas dúvidas surgiram porque a mulher não decidiu por si própria, ela foi levada a decidir pela proposta imperdível, ou seja, ela foi convencida a fazer algo que o outro queria que ela fizesse e não o que ela realmente queria fazer. Se, porém, a mulher tivesse refletido sobre a negociação, sabendo quais eram os resultados esperados, refletindo porque ela queria negociar certamente teria argumentos para também fazer o marido refletir que ela havia feito o melhor negócio para a família.

Portanto, não esqueça: *never try-to-convince*, ou seja, nunca tente convencer ninguém sobre as suas opiniões e suas idéias, em lugar disso tente fazê-la refletir que a sua proposta é boa e eficaz. Sempre fazendo uma reflexão em conjunto.

Existem algumas táticas em negociação que são denominadas táticas de união positiva e táticas que tendem a ser coercitivas.

Para um melhor entendimento sobre essas táticas, observe o quadro abaixo:

Táticas de união positiva

Informam	Reforçam	Esclarecem	Concedem	Conformam
Demonstram	Ilustram	Educam	Agradecem	Apreciam
Contribuem	Redirecionam	Flexibilizam	Cedem	Direcionam

Táticas que tendem a ser coercitivas

Intimidam	Controlam	Confrontam	Negam	Coagem
Ameaçam	Dificultam	Manipulam	Ridicularizam	Intimidam

Princípios que regem a negociação

Para que se possa manter um equilíbrio no processo de negociação, é importante que o negociador procure aplicar os seguintes princípios:

1. ter e manter uma atitude profissional no processo de negociação: antes, durante e depois;

2. controlar o estresse e a tensão;

3. evitar a vaidade e o egocentrismo;

4. reunir todos os documentos e fatos com antecedência;

5. saber o que deve fazer e o que não deve fazer antes de iniciar a negociação.

O que um negociador deve fazer:

- definir o objetivo e o propósito do encontro;
- saber exatamente o local da negociação;
- levar toda a documentação atualizada;
- fazer contatos;
- comunicar-se com clareza e anotar tudo o que for preciso;
- ter poder de decisão, e, sobretudo, ser ético;
- fazer de todo acordo verbal um documento escrito (um contrato);
- escutar e prestar bastante atenção;
- perguntar e questionar;
- ao final da negociação, confirmar tudo o que foi acordado usando as seguintes frases:

a) então, ficamos acordados assim...

b) fica combinado que...

c) foi isso que você quis dizer...

O que um negociador não deve fazer:

- fazer propostas não condescendentes com a demanda;
- insistir em ter a autoridade final;
- hesitar em fazer perguntas;
- mentir ou representar;
- ser intimidador;
- dificultar a negociação;
- ser apreensivo em negociar tudo o que é proposto;
- prometer o que não pode cumprir.

Preparando-se para negociar

O ato de se prepara para a negociação de conflitos requer alguns cuidados para que o negociador experiente possa usufruir de todo o processo. Sendo assim, seguem algumas sugestões e orientações que os negociadores devem seguir para se preparar melhor para a negociação.

No dia anterior:

— durma cedo;

— alimente-se com cautela para não ingerir nada que lhe faça mal;

— separe todo material que levará para o encontro;

— lembre! Você está indo para uma negociação e não para um conflito armado;

— análise os seus interesses e objetivos;

— evite o pessimismo; ou

— otimismo exagerado.

Durante a negociação:

— inicie a sessão da negociação com bom humor, cumprimentando a todos. Seja cordial;

— abra a sessão, dizendo o motivo pelo qual está ali;

— deixe claro quais são os seus interesses e objetivos;

— narre o seu caso, apresentando provas, se necessário;

— permita que a outra parte inicie a narrativa;

— não interrompa;

— escute, escute, escute;

— demonstre que está entendo o que a outra parte está narrando. Demonstrar que está entendo não significa dizer que está concordando;

— seja paciente e tolerante;

— só fale quando a parte esgotar o seu repertório.

Ao final da negociação, mais uma vez, enfatize o que fora já mencionado, confirme tudo o que foi acordado usando as seguintes frases:

"Então ficamos acertados assim."

"Sendo assim, o nosso acordo está selado."

Depois da negociação:

— torne formal tudo o que foi acordado;

— certifique-se que não há dúvidas quanto ao acordo;

— acentue o desejo de manter a relação com a outra parte;

— não guarde ressentimentos;

— se possível, convide a outra parte para celebrar o acordo.

Não se ache um vencedor ou mesmo um perdedor, mas entenda que ambos ganharam a disputa.

Capítulo IX

DESCOBRINDO O CANAL DE COMUNICAÇÃO DO NEGOCIADOR

Não fales aos ouvidos do insensato, porque ele desprezará a sabedoria das tuas palavras.
(Provérbios 23,9)

Um fator muito importante no ato de negociar conflitos é descobrir qual o melhor canal de comunicação da pessoa com quem estamos negociando.

O canal de comunicação é o meio pelo qual uma pessoa entende com mais eficácia a mensagem que estamos querendo passar. Quando se detecta qual é o canal de comunicação do nosso interlocutor, torna-se mais fácil chegar a um entendimento por meio da comunicação adequada e eficaz.

Cada ser humano percebe o mundo de uma forma diferente, uns vêem com mais brilho, outros vêem mais ofuscado, uns são otimistas e outros são pessimistas etc.

Como saber qual é o canal de comunicação preferencial do negociador com quem estamos em disputa? É muito simples, basta fazer uma pergunta para ele, para fazê-lo lembrar de algo, por exemplo: *onde você estacionou o seu carro?* Observe-o nos olhos e acompanhe os seus movimentos. Para cada canal, o negociador fará um movimento nos olhos. Observe nas definições abaixo o significado de cada canal:

Canal de comunicação visual — olhará para cima em uma fração de segundo;

Canal de comunicação auditivo — olhará para o lado por uma fração de segundo;

Canal de comunicação cinestésico — olhará para baixo.

Em relação aos canais de comunicação negociadores, temos os seguintes tipos de negociadores:

Negociador visual — aquele que preferencialmente entende melhor por meios de palavras que exprimam idéia de ver, olhar, vislumbrar, observar.

Para perguntar a um negociador visual se ele está entendendo o que se está falando, deve-se usar a seguinte pergunta:

"Como você vê tudo isso que conversamos?"

Observe que usamos o verbo "ver". Usando esta comunicação com o negociador visual, teremos mais chance para que ele se concentre no que estamos negociando e essa pergunta funcionará como um pedido de análise. Ao ouvir o verbo "ver", o negociador passará a prestar mais atenção em seus argumentos, empenhando esforços para entendê-lo melhor.

Negociador auditivo — este tipo está muito arraigado aos sons, às palavras que figuram como sons, uma vez que o seu canal de comunicação preferencial é a audição. Lembra das pessoas que dizem que têm uma boa memória auditiva? Pois bem, são essas pessoas que são auditivas. Com este tipo de negociador a sua pergunta tem de ser da seguinte forma:

"Como soa para você tudo isso que estamos conversando?"

Com essa pergunta, despertaremos nele o desejo de nos entender e ele esforçar-se-á para ser atencioso com o que estamos falando.

Negociador cinestésico — para este, o que importa são as sensações, aquilo que para ele parece poder tocar, sentir, cheirar, degustar. É o tipo de pessoa que só crê no que toca para saber se é real. É conhecido por negociador São Tomé, só vendo para crer. Com esse tipo de negociador deverá ser feita a seguinte pergunta:

"Como você se sente como tudo isso que estamos conversando?"

Com essa pergunta, pode-se fazer fluir melhor o nosso diálogo e chegar ao sim e ao acordo do ganha-ganha.

Segundo *Almeida*, "as pessoas inteligentes ouvem as emoções, não os fatos", e ainda aduz o autor que "o que realmente melhora a comunicação é a percepção das verdadeiras emoções que envolvem necessidades e anseios".[1]

Mantendo o* rapport *na negociação

Rapport é uma das mais importantes características de interação do inconsciente humano, também conhecido por espelhamento. Palavra de origem

---

(1) ALMEIDA, José Ronaldo Mendes de; ALMEIDA, Ronaldo Meneghini Mendes. *Novos rumos em comunicação interpessoal*. São Paulo: Nobel, 2000. p. 37.

francesa, significa "harmonizar", "confiar", "concordar". Há um variado número de técnicas de *rapport* que são usadas em diálogos, tais como: combinar os movimentos corporais, ex.: postura, gestos etc.; contato do olhar e combinar o ritmo da respiração. Algumas dessas técnicas são exploradas nos Programas de Neurolingüística — PNL. É descrita como um sentimento de conexão harmônica entre pessoas ou grupos de pessoas. O ser humano visa a estar em constante *rapport* um com o outro, principalmente quando se tem afinidades e algo em comum.

No processo de negociação de conflitos, o *rapport* tem uma função muito determinante, pois pode demonstrar sintonia com a outra parte, favorecendo o acordo, uma vez que o clima fica mais agradável entre as partes quando se estabelece o *rapport*.

Para se obter um *rapport*, ou seja, para entrar em sintonia com a outra pessoa, é preciso seguir alguns passos espelhando (imitando) qualquer parte do comportamento dela, e ao mesmo tempo ajustando o seu comportamento verbal e não-verbal ao dessa pessoa. Para ter certeza se você está em verdadeira sintonia com a outra parte, tente fazer movimento e observar se a outra parte segue você, caso isso aconteça realmente, você entrou em *rapport* com o outro negociador.

Abaixo listamos algumas dicas para entrar em *rapport*:

— olhe bem nos olhos da pessoa com quem está se comunicando, acompanhado os seus movimentos, bem como as suas expressões faciais, contudo, faça de forma discreta;

— acompanhe as expressões faciais ao levantar as sobrancelhas, apertar os lábios, balançar a cabeça;

— sorria quando a outra parte sorrir;

— ajuste a sua postura igual à da outra parte, se o negociador inclinar-se para frente, para o lado, tente fazer o mesmo, piscar os olhos como forma de entender;

— imitação do tom de voz, velocidade e até mesmo alguns toques no sotaque da pessoa com quem está negociando;

— utilize frases repetitivas usadas pelo outro negociador, tais como: "entendo você", "claro", "sim, sim", "muito bom", "certo", "é verdade";

É importante tomar bastante cuidado para não parecer que se está ridicularizando a outra pessoa, pois, se isso ocorrer, certamente a negociação terá o fim trágico.

O processo de *rapport* é importante na negociação porque a outra parte pode ver-se em você, e, sobretudo, entrar em concordância mais facilmente. O uso do *rapport* não é um ato desleal, mas, sim, uma estratégia saudável de negociar.

Capítulo X

AS EXPRESSÕES CORPORAIS NA NEGOCIAÇÃO

O que você é fala tão alto, que eu
não consigo ouvir o que você diz.
(Ralph Waldo Emerson)

O nosso corpo fala muito mais do que as nossas palavras. Alguém já disse o que "O que você é fala tão alto, que eu não consigo ouvir o que você diz".

Todos nós já vivemos experiências que nos fazem crer que os movimentos do corpo falam muito e revelam como está o nosso estado emocional, e demonstram se estamos gostando de algo, se estamos irritados, alegres, tristes, ansiosos, entre muitos outros estados de espírito. Na maioria das vezes, o nosso "jeito" faz com que as pessoas nos julguem, e é por meio das expressões corporais que podemos deduzir como está o andamento da nossa negociação de conflitos e aonde ela vai chegar.

Podemos classificar o processo de comunicação da seguinte forma:

- palavras – 7%;
- expressões corporais – 55%;
- tom de voz – 38%.

Lembre-se, quando você está escutando um fato, apenas está percebendo 20% do que alguém está querendo nos comunicar, pois os 80% restantes permanecem escondidos nas emoções e nas expressões corporais.

Vê-se claramente que os movimentos do corpo têm um percentual muito alto no processo de comunicação.

Não é de hoje que o ser humano avalia o comportamento um do outro. É por meio do comportamento que é possível identificar várias atitudes das pessoas. Quantas vezes já não dissemos, mesmo sem querer, "não gostei do jeito daquela pessoa", traduzindo, nós queríamos dizer: *não gostei do comportamento daquela pessoa*.

O comportamento das pessoas denuncia as suas mais profundas emoções, não só o comportamento, até o olhar revela os sentimentos de todos nós. Conforme dizia o mestre *Leonardo da Vinci*, "os olhos são a janela da alma e o espelho do mundo".

Quando alguém está de mau humor, o que nos faz ver que esta pessoa está assim é o seu comportamento hostil, rude, e que por muitas vezes maltrata as pessoas sem que essas tenham nada a ver com o seu problema. Lembre-se de sua infância, quando fazia algo de errado e a primeira acusação lançada sobre você era: "que criança sem comportamento, mal-educada". Vamos refletir: por que as pessoas falam daquela forma conosco? Resposta: o nosso comportamento com aquela pessoa denunciava o nosso ser, a nossa emoção.

Na negociação não pode ser diferente. Reconhecer o comportamento da parte com quem se está negociando favorece a chegada de um acordo mais rápido.

Baseado em minha experiência e após a leitura de algumas obras concernentes a expressão corporal e neurolinguística, pude constatar que entender o comportamento dos outros é de suma importância, não somente para a negociação, mas até para manter um bom nível de relacionamento com os nossos amigos e com as pessoas que nos rodeiam. Pensando assim, relacionarei alguns tipos de comportamento e atitudes que o negociador deverá observar no outro negociador durante a fase da negociação.

Sentado à mesa da negociação

"Escolher corretamente um lugar para sentar é uma forma eficaz de obter a cooperação das outras pessoas", afirmam *Allan & Barbara Pease*. Por mais incrível que possa parecer, a posição onde estamos à mesa da negociação tem uma grande influência: negativa, positiva, de líder, de amigo, de inimigo, nos mais diversos aspectos.

Vejamos abaixo alguns exemplos da posição de quem senta à cabeceira da mesa. Observe a ilustração a seguir:

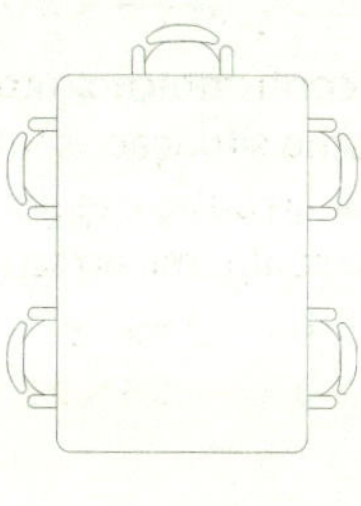

Quem senta à cabeceira da mesa significa dizer, em regra:

- se estiver em um restaurante: vai pagar a conta;
- se estiver em casa: é o chefe da família;
- no trabalho: é o chefe (é o homem);
- em uma reunião: é o presidente da mesa.

Geralmente, quem se senta à cabeceira da mesa é a pessoa que demonstra maior poder entre os que estão ao seu entorno e em uma mesa quadrada todos estão sempre em posição de competição.

A mesa ideal para se conduzir uma negociação é uma mesa redonda, pois nessa não há como identificar que é o mais poderoso, ou seja, quem é o chefe, porque em uma visão geral todos estão em grau de igualdade.

Mesa ideal para negociação:

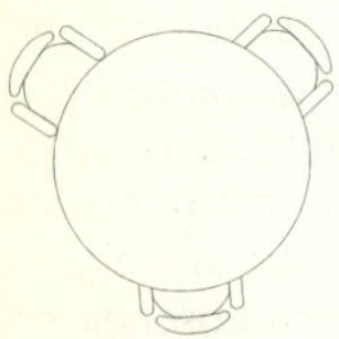

Figura 01

Lembra da história dos Cavaleiros da Távola Redonda que foram os homens premiados com a mais alta ordem da *Cavalaria*, na corte do *Rei Artur*, no *Ciclo Arturiano*. A *Távola Redonda* foi criada com este formato para que não tivesse cabeceira, representando a igualdade de todos os seus membros.

Posição de confrontação:

Nesta posição, os negociadores querem deixar claro que um não tem medo do outro e que estão ali para enfrentar-se, transformando a mesa de negociação em um campo de batalha.

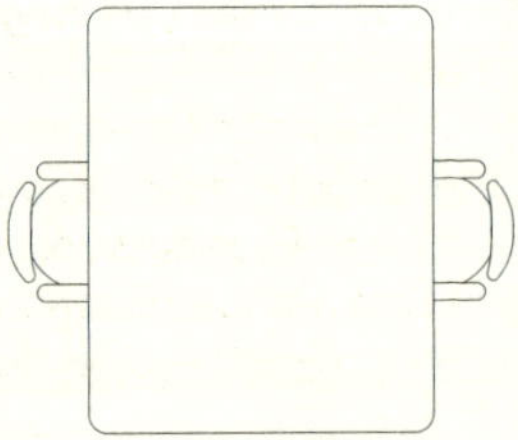

Figura 02

Devemos lembrar que negociamos com pessoas, sempre. É a posição preferida para desafios: olhos nos olhos, principalmente quando as pessoas que estão sentadas à mesa têm a mesma condição hierárquica.

Para sair da posição de confrontação, arrume uma forma de ir para a posição de cooperação. Crie uma situação, sempre leve consigo uma pasta, papéis, formulários para mostrar ao outro e assim encontrar uma oportunidade de chegar-se a ele. Diga: "posso sentar-me ao seu lado para lhe mostrar melhor este material".

Posição de cooperação:

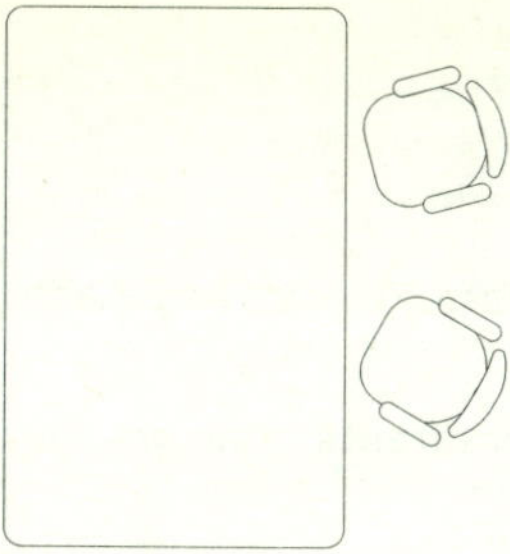

Nesta posição, há uma demonstração clara de cooperação. Quando queremos ensinar algo para alguém, geralmente sentamos nessa posição para que a pessoa tenha mais facilidade em aprender e nos ouvir melhor. Essa é a posição perfeita para chegar a um acordo rápido e com resultados extremamente amigáveis.

Figura 03

Sinais de linguagem corporal

Relacionamos abaixo alguns sinais de linguagem corporal que são muito úteis quando observados, para definirmos a nossa atitude em relação ao outro negociador. Os sinais podem ser negativos ou positivos, como se segue.

Sinais negativos

São aqueles produzidos de forma que o outro negociador não perceba, tais como:

Braços cruzados sobre o peito – demonstra resistência, contudo, pode também exprimir uma posição confortável, entretanto, observe se, ao fazer uma pergunta ao outro negociador, ele imediatamente cruza os braços antes de responder, isso pode significar uma retração, uma atitude negativa e contrária à sua pergunta;

Cruzar os braços e agarrá-los com as duas mãos – significa "não aceito o que você diz", "não concordo", mas não tenho coragem de falar;

Cruzar as pernas e os braços – demonstra rejeição ao que está sendo falado ou também pode demonstrar defesa e falta de confiança no outro; como se criasse um campo de proteção;

Fazer o quatro americano (cruzando as pernas) – essa é uma atitude típica dos homens quando querem dizer: "eu sei tanto quanto você";

Colocar a mão no queixo – demonstra análise e questionamento;

Colocar as mãos atrás da cabeça quando sentado – é uma atitude de prepotência e às vezes demonstra falta de interesse pelo que está sendo falado.

Sinais positivos

Geralmente, são feitos propositadamente para que o outro negociador perceba.

Descruzar braços e pernas ou mover-se para frente – são sintomas de satisfação, de aceitação;

Desabotoar um casaco ou paletó – aceitação;

Balançar a cabeça levemente (afirmativamente) e colocar a mão no queixo, especialmente com o indicador estendido – indicam atenção ou interesse. Se o indicador fica batendo no queixo, então o interlocutor está tomando uma decisão;

Contato direto nos olhos – demonstra confiança, segurança;

Unir as pontas dos dedos das mãos – estar pensativo, ponderando;

Mostrar as palmas das mãos – indica sinceridade, honestidade;

Mãos no quadril, com os pés separados – indicam cooperação entusiasmada;

Pernas afastadas e descruzadas – demonstram atitudes amigáveis e seguras;

Inclinar-se para ouvir – indica receptividade.

Existem alguns sinais que demonstram insegurança e falta de verdade no que está sendo dito, como exemplos temos:

— coçar o nariz;

— pegar na orelha;

— alisar a nuca;

— coçar o pescoço;

— afrouxar o nó da gravata;

— coçar a sobrancelha;

— coçar o olho;

— tapar a boca.

Capítulo XI

A ESTRATÉGIA DOS PORQUÊS

Os porquês na resolução de uma disputa fazem até o insensato refletir sobre sua conduta.
(Jean Carlos)

Certamente, se você está lendo este livro, é porque deseja saber como negociar conflitos e obter sucesso em sua negociação. O bom negociador cria a imagem positiva da negociação.

Para que a outra pessoa faça uma reflexão sobre a sua proposta, é necessário que você crie um clima de reflexão. De nada adianta tentar convencer as pessoas a fazerem aquilo que você deseja, lembre-se disso, constantemente. O princípio é *never-try-to-convince*, estilo que já estudamos em capítulos anteriores.

Pois bem, um dos fatores que produzem uma reflexão na hora da negociação é dizer ou demonstrar à outra parte quais são as razões, os "porquês" do que você está falando ou propondo tem fundamento, e que esta é a forma mais aceitável para chegarem a um acordo.

Sempre que você, na condição de negociador, propuser um acordo, diga quais são as vantagens que a outra parte terá, os motivos favoráveis da sua proposta, contudo, faça isso de forma verdadeira, franca, clara. Não deixe margens para dúvidas.

Use a palavra "porque" todas as vezes que desejar que uma pessoa acredite em sua proposta, pois, assim, fica claro qual é o seu objetivo e a sua verdadeira intenção na negociação.

Suponhamos que você queira convidar alguém para ir ao cinema, então você fala assim:

"Vamos comigo ao cinema hoje, *porque* me disseram que este filme é muito bom, *porque* você precisa se divertir um pouco, e também *porque* muitas pessoas que nós conhecemos já assistiram a esse filme, e *porque*, certamente, você me fará muito feliz se vier comigo".

Observe que isso é uma negociação, pois envolve interesse e, no momento em que foi feito o convite, este veio carregado de esclarecimentos, ou seja, dizendo as vantagens para aceitá-lo.

Usando os "porquês" em uma negociação, a outra parte toma ciência do que está por trás da oferta do outro negociador, ficando, dessa forma, mais tranqüila quanto à tomada de decisão em relação à resolução da disputa, uma vez que ela está em sintonia total com todos os passos do que está sendo negociado e, sobretudo, porque está sendo negociado.

Capítulo XII

COMO DIZER NÃO SEM PERDER O CONTROLE

Quem não sabe dizer "não", não sabe dizer "sim",
pois muitas vezes o seu "sim" estará vestido de "não".
(Jean Carlos)

Sabemos que não é fácil dizer "não", principalmente para pessoa que é muito sensível, emotiva e tudo em sua vida gira em fazer bem ao próximo, contudo, é importante saber que fazer bem ao próximo também é saber dizer "não" na hora certa e de forma certa.

Quantas vezes dizemos "sim" apenas pelo fato de não querermos desagradar àquela pessoa que nos pediu algo. Isso não significa dizer que vamos sair dizendo "não" a qualquer momento, para qualquer pessoa. Saber dizer "não" fortalece a relação e dá credibilidade ao outro.

Vamos estudar o caso a seguir:

Dorothy estava sentada à mesa de negociação confiante de que tudo o que desejava seria alcançado, contudo, no desenrolar da negociação, lhe foi feita diversas propostas e, a todo o momento, disse "sim" para tudo o que lhe foi proposto, até para as propostas mais extravagantes. Ao findar a negociação, todos saíram da sala de negociação muito felizes, inclusive Dorothy. Após a retirada de todos, perguntamos a ela: "E aí, como foi a negociação?". De imediato ela respondeu: "Um fracasso! Acho que me dei mal. Eu não deveria ter aceitado o acordo, mas não tive coragem de dizer não".

Na verdade, muitos de nós agimos como Dorothy em vários momentos de nossas vidas, em que precisamos dizer "não" e dizemos "sim", só para agradar. É importante dizer "não" no ato da negociação. Não quero dizer com isso que você tenha de criar obstáculos para impedir chegar-se a um acordo, porém, se for preciso falar "não", fale, não hesite.

As pessoas dizem "sim" para tudo, simplesmente pelo fato de terem medo de ser rejeitadas, excluídas de um grupo, ou serem vistas como pessoas "más", como pessoas que não têm coração; já as pessoas que dizem "sim" todo o tempo são tidas com as "boazinhas", sim, boazinhas só porque dizem "sim" e no dia que disserem "não", serão consideradas "más". Conclusão, essas pessoas nunca foram boazinhas, apenas foram manipuladas por egoístas e chantagistas sentimentais. O "não" faz parte integral da verdade.

Há circunstância em que podemos dizer "não" sem precisar dizer explicitamente. A psicóloga *Susan Newman*[1] traz alguns exercícios muito bons para que aprendamos a dizer "não" em qualquer situação. Entre os exemplos selecionei um que está a seguir apenas para ilustrar a força do "não", sobretudo em uma negociação de conflitos.

Jogo de poder

O cenário:

Às 16h30, o seu chefe lhe pede: "você pode ficar até um pouco mais tarde hoje?".

A situação:

Já imaginou dizer "não" ao chefe? Não é nada fácil, porém pior ainda é dizer "sim" quando você fez outros planos para depois do expediente. Você fica imaginado se um "não" pode colocar o seu emprego em risco, mas também tem receio de magoar o seu amigo ou seu namorado, caso não apareça no encontro. Mas se não atender ao pedido de última hora do seu chefe, é pouco provável que ele a coloque diante de um pelotão de fuzilamento. Basta dizer "não" com educação.

Resposta:

"Eu gostaria, mas não posso; já tenho um compromisso. Mas posso ficar um outro dia desta semana".

---

(1) NEWMAN, Susan. *O livro do Não*. 250 maneiras de dizer não pra valer! E parar de querer agradar a todo mundo. São Paulo: Cultrix, 2006. p. 144.

Capítulo XIII

O *ICEBERG* DE INTERESSE NA NEGOCIAÇÃO

Como o abrir-se da represa, assim é o começo da contenda; desiste, pois, antes que haja rixa.
(Provérbios 17,14).

Introdução

O ato de negociar pode ser muito bem representado pela imagem de um *iceberg*, pois a parte que é visível significa apenas 20% da sua estrutura e os outros 80% estão submersos. Se traduzirmos esta imagem para uma negociação, podemos dizer que o que as pessoas falam e expressam valem apenas 20%, aquilo que se vê, ouve, toca, o conhecimento objetivo, o consciente, o aprendizado explícito. Em regra, se vê os fatos e os 80% são referentes a dificuldades de mudanças, inconsciente, subjetividade de conhecimento, crenças, valores e mitos. Todos fazem parte das emoções e a pessoa que conseguir entender e enxergar esses 80% certamente obterá êxito em qualquer negociação.

Vamos representar o *iceberg* de interesse na negociação por meio da figura ao lado, assim, podemos observar como são colocados os nossos sentimentos quando estamos em uma negociação. Este quadro deve ser analisado tanto para nós, como para a pessoa com quem estamos negociando.

Vejamos o quadro de *iceberg* de interesse na negociação, ao lado.

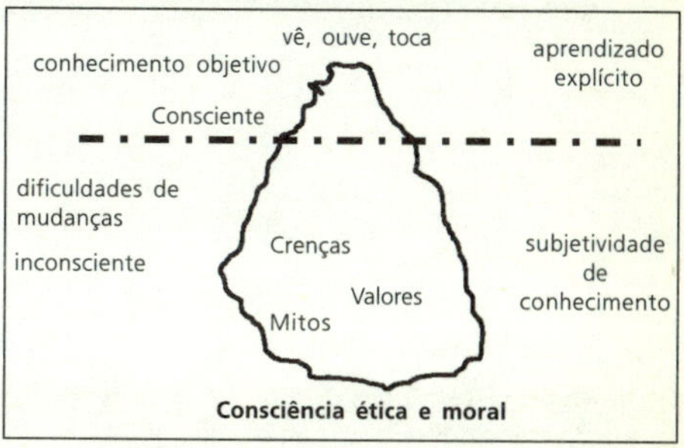

Os mitos da negociação de conflitos

São vários os mitos que estão guardados na negociação de conflitos, seja em que nível for: pessoal, interpessoal, empresarial, familiar, penal, sempre existiu e existirá o mito em torno da negociação de conflitos.

Abaixo relacionamos alguns desses mitos:

Falar bonito — é muito comum as pessoas atribuírem ao outro a qualidade de um bom negociador pelo simples fato de essa pessoa saber expressar-se de forma eloqüente, usando o padrão da norma culta da língua portuguesa. Ledo engano, geralmente pessoas com este tipo de atitude e conduta são vistas como enganadoras e desleais, que visam apenas ao lucro, à custa da infelicidade e da derrota alheia.

Falar alto — uma forma muito comum de apresentação do negociador fraco e despreparado é quando este, por não ter argumentos sólidos, grita, berra, e, sobretudo, o seu diálogo é baseado nas seguintes frases: "eu tenho um amigo que" ... ou "meu irmão é" ..., em regra ele nunca tem, nunca teve, não foi e não é, mas conhece alguém que já ...

Exercer pressão — alguns negociadores acreditam que a melhor forma de negociar é encurralar o outro negociador, pois bem, é importante lembrar que uma pessoa encurralada sempre tende a defender-se de forma hostil e agressiva, não respeitando normas, regras nem tampouco a ética.

Usar subterfúgios — em uma linguagem bastante popular, poderíamos dizer que há pessoas que, ao negociar, usam estratégias desleais, mentem ou, como elas mesmas dizem, escondem a verdade como se fosse uma carta na manga.

Capítulo XIV

OS CINCO W'S DA NEGOCIAÇÃO

Quem retém as palavras possui o conhecimento, e o severo de espírito é o homem de inteligência. (Provérbios 17,27)

Esta é uma estratégia muito interessante, saudável e que põe em ordem o pensamento do negociador. Quando um negociador de conflitos está defronte a uma disputa, é importante que este saiba avaliar os cinco W's da negociação para que tenha sucesso na disputa de interesses.

Os cinco W's da negociação de conflitos são: 1. what? (o quê); 2. why? (por quê?); 3. when? (quando?); 4. where? (onde?); 5. who? (quem?). Para sabermos como funciona e sua aplicação, vamos fazer um estudo abaixo de cada W da negociação de conflitos

1. What? — O quê? O uso desse "W" da negociação de conflitos consiste em o negociador fazer a seguinte pergunta: *o que eu estou negociando?* Após a realização dessa pergunta, ele encontrará uma resposta objetiva que lhe dará condições de tomar certas decisões em relação ao interesse do negociador.

2. Why? — Por quê? Nesse momento o negociador perguntará para si mesmo: "porque eu estou negociando?". Está pergunta lhe trará a realidade do seu verdadeiro interesse na negociação, permitirá que ele identifique de forma lógica e racional o motivo que o está levando a esta negociação de conflito. De nada adianta a um negociador entrar em uma disputa sem saber a razão pela qual está ali, a não ser pelo simples fato de querer ganhar, e com essa atitude, poderá arruinar todo o processo de negociação baseada em princípios.

3. When? — Quando? É preciso saber qual é o melhor momento para negociar um conflito. Por muitas vezes um negociador deixa de fazer um bom acordo pelo simples fato de querer resolver os conflitos às pressas, deixando que a emoção fale mais alto do que a razão. Não é raro o fato de que as pessoas decidam falar com as outras para resolver as suas diferenças quando estão eivadas de sentimentos de raiva, desgosto, mágoa, rancor e insatisfação, levando a disputa para a esfera da inimizade, e normalmente vai parar nas barras da justiça. Compete ao negociador refletir qual é o melhor momento para entrar em uma negociação de conflitos. Lembra de quando alguém vai falar sobre um aumento de salário e diz: "vamos esperar o melhor momento para falar com o chefe". Bem, esta é uma atitude extremamente sábia, saber a hora exata de agir e de negociar interesses divergentes para chegar a um acordo aceitável.

4. Where? — Onde? Não se pode negociar um conflito em qualquer lugar. Existem conflitos que requerem um local adequado para que seja discuto, para que seja negociado. É muito bom que o local esteja preparado para receber os negociadores. Devidamente arrumado, com um excelente aspecto de limpeza, distante das influências negativas de outras pessoas, principalmente daquelas que não visam ao acordo e que buscam inflamar ainda mais a contenda. O ambiente da negociação deverá ter todos os recursos para que os negociadores façam anotações dos pontos relevantes e controvertidos da negociação, com uma pessoa pronta para ajudar no que for preciso, nas coisas mais simples como: água, cafezinho, caneta, papel, recursos audiovisuais, até para os casos mais extremos, pois há momentos em que os negociadores se sentem mal e precisam de socorro médico, bem, esses são casos excepcionais, como já falamos.

5. Who? — Quem? Um dos pontos marcantes da negociação é saber com quem se vai negociar. Conhecer o negociador é importante, porque assim se pode ter uma previsão de qual comportamento adotar diante do outro negociador e pode também saber se a outra parte é um negociador experiente, qual é o seu estilo de negociação: controlador, apoiador, catalisador ou analítico. Certamente, negociar com alguém experiente e, sobretudo, profissional é bem melhor, pois o acordo tende a fluir de forma mais rápida, enquanto o negociador inexperiente tender a criar barreiras para chegar-se a um acordo, uma vez que tudo para ele é obstáculo e acha que o outro lado quer levar vantagem em tudo. Portanto, conhecer a pessoa com quem vamos negociar é de vital importância para o sucesso da negociação.

Desestabilizando na negociação

O equilíbrio emocional é de vital importância em uma negociação de conflitos, pois um negociador desequilibrado emocionalmente não tem condições de chegar a um acordo sensato.

Como já foi falado em capítulos anteriores, o preparo físico e o emocional são os fatores que mais importam em uma negociação de conflitos.

Vimos que, ao decidirmos enfrentar uma negociação de conflitos, temos a nítida certeza de partir dos seguintes princípios: conciliar interesse, demonstrar quem tem razão ou desmontar quem tem mais poder, nesse momento é que o negociador perde o equilíbrio emocional. Cabe lembrar que, quando alguém nos desequilibra emocionalmente, este alguém se tornou superior a nós, portanto, não se sinta afetado pelas atitudes das pessoas, sobretudo quando essas atitudes não têm nada a ver com a sua vida.

Neste trabalho, apontamos alguns aspectos que desequilibram um negociador emocionalmente, vejamos a seguir:

Manter o foco no problema – existem negociadores que pensam o tempo todo no problema, isso inibe o encontro de uma solução, pois a mente está apenas preocupada com o problema e não com as possibilidades de resolvê-lo de forma racional;

Manter o foco na pessoa – já vimos antes que o principal interesse é separar a pessoa do problema;

Vaidade – eis aí um grande vilão para o desequilíbrio emocional na negociação;

Humilhação – em uma negociação na qual se espera o ganha-ganha, não há perdedor, pois as partes visam ao bem-estar em comum e buscam a solução mais adequada para o conflito;

Intransigência – "sou assim e não vou mudar", com essa frase o negociador acaba de eliminar todas as possíveis oportunidades de chegar a um acordo e levará, certamente, a negociação ao fracasso;

Não saber ouvir – quem não sabe ouvir causa furor na outra parte e perde a oportunidade de obter informações precisas e relevantes para chegar a uma solução. Não é por menos que, na Bíblia Sagrada, a palavra de Deus diz: "No muito falar não falta transgressão, mas o que modera os lábios é prudente". (Provérbios 10,19);

Irritação – muitas vezes, em uma negociação, a outra parte procura irritá-lo com proposta que são consideradas indecentes, contudo, na maioria das vezes, essas propostas são propositais e têm o objetivo de fazê-lo perder o equilíbrio. Lembre-se, nunca reaja a uma observação negativa ou a uma proposta em desacordo com o que você espera de imediato, no momento da raiva, pois isso compromete o seu raciocínio lógico. Nesse caso, espere, reflita um pouco e se possível saia da sala de negociação de forma educada para arejar a mente e oxigenar o cérebro;

Ameaças – em vez de ameaças, faça propostas leais, honestas e possíveis de serem realizadas. Substitua a ameaça por uma proposta franca e afirmativa como uma forma de incentivar a outra parte a entrar em um acordo;

Chegar atrasado – é muito comum com os negociadores que procuram desestabilizar emocionalmente a outra parte, pois geralmente o atraso causa irritação. Essa atitude tem a intenção de cansar e fazer a outra parte desistir da negociação e aceitar qualquer posposta, só para evitar o desgaste;

Ironia – não se deixe levar pela ironia do seu oponente. Assuma o controle. Crie regras e não admita ser intimidado. É melhor retirar-se da negociação como prova de não aceitação da ironia da outra parte.

O impasse na negociação

O impasse na negociação é precedido da pergunta: *e se ele não aceitar?* Normalmente, este impasse deriva de uma intransigência da aceitação da proposta por uma das partes. Por esse motivo, ser flexível é muito importante no ato da negociação.

Os casos mais comuns que suscitam o impassem na negociação de conflitos são:

— a negociação baseada no perde-ganha ou ganha-perde;

— medo de dizer "não";

— passar por cima das etapas da negociação;

— criar barreiras para toda solução proposta;

— ter medo em fazer concessões;

— comunicação violenta.

É bom ter em mente: se a negociação cair em um impasse, haja da seguinte forma:

— pare a negociação e saia um pouco;

— reveja qual é o seu verdadeiro interesse na negociação do conflito;

— controle as suas emoções;

— faça uma lista dos pontos que estão causando impasse e dê para cada um deles uma solução possível;

— ponha-se no lugar da outra parte, ou se pergunte qual seria a atitude dela se estivesse em seu lugar;

— proponha alternativas, faça concessões.

Capítulo XV

O TRIPÉ DA NEGOCIAÇÃO

Quando o tolo vai pelo caminho, falta-lhe entendimento, e, assim, a todos mostra que é estulto. (Eclesiastes 10,3)

Para que uma negociação de conflitos chegue a um acordo aceitável e, certamente, logre sucesso, é importante que o negociador esteja atento a alguns detalhes, pois são os detalhes do planejamento que definirão o sucesso ou o fracasso da negociação. Sendo assim, vamos falar sobre o tripé para o sucesso da negociação: objetivo, tempo e comportamento — OTC.

A estratégia OTC deve ser desenvolvida na fase da pré-negociação, na qual o negociador está planejando ir à mesa de negociação, portanto, deve estar bastante claro, neste tripé da negociação que vamos explicar a seguir, cada item da estratégia e suas funções.

Tripé da negociação de conflitos

Objetivo

Este item é concernente ao que será negociado. O negociador de conflitos deve ter em mente, de forma bem definida, o que ele deseja negociar, fazer uma reflexão perguntando para si mesmo, "o que eu quero dessa negociação: conciliar interesse subjacente, demonstrar quem tem razão ou demonstrar quem tem mais poder?". Quais são as suas expectativas. De nada adianta ir à mesa de negociação pensando, "na hora eu desenrolo", pois em uma negociação de conflitos não existe improviso, e, sim, ações premeditadas, estudadas e planejadas. Não há "achismo", única e exclusivamente devem existir "fatos". Aquele que não sabe aonde quer ir nunca chegará a lugar algum.

No aspecto objetivo da negociação, é importante, acima de qualquer coisa, a honestidade. Se o negociador pensar em enganar ou usar de subterfúgios nesse ato do planejamento, obviamente a negociação não chegará a um resultado positivo, em que todos ganham. Importa saber aonde o negociador que chegar e os resultados que ele espera da negociação.

Sugestões para definir os seus objetivos:

— Descubra os interesses e necessidades e pergunte-se, "por que é importante essa negociação para mim e para a outra parte?".

— Quais são as possíveis soluções para resolver o conflito?

— O que será melhor para as partes em disputa? — em uma negociação de sucesso, o resultado acorre quando as partes ganham algo que consideram de valor. Pensemos da seguinte forma: "Se você pedir ao seu chefe um aumento de salário e não puder justificar o pedido apresentado, tais como: alguns pontos positivos que você pode agregar com este aumento de remuneração para o crescimento da empresa ou até mesmo o aumento das suas obrigações, você estará destinado ao fracasso". Portanto, antes de começar a negociar, é necessário saber o que você pode oferecer de concreto e de ganho relação ao interesse, às necessidades, a filosofia, ao estilo e ao nível de conhecimento da outra parte. Esta conduta melhorará a compreensão da outra parte em relação aos seus argumentos; agindo assim, você poderá fazer uma lista de compromissos que permitirá cumprir com todos os seus objetivos.

— Faça uma lista de opções para a solução do conflito em ordem de prioridade.

— Descubra qual é o verdadeiro motivo da disputa.

— Pense qual é o objetivo mais importante nessa negociação.

Tempo

Este é um ponto também vital na negociação de conflitos. Uma negociação de conflitos não deve ser forçada a chegar a um acordo por causa do tempo, contudo, não é bom que a negociação se estenda por um longo período.

Geralmente, quando uma resolução de conflito está bem planeja, com os objetivos devidamente definidos, o tempo para chegar a uma solução é o mínimo, porque as partes estão interessadas em conciliar interesses.

Nessa fase do planejamento da negociação, o negociador deve fazer algumas perguntas para si mesmo, tais como:

- em quanto tempo quero revolver esse conflito?
- quanto tempo eu tenho para resolver este conflito?
- é interessante levar bastante tempo?
- e se o tempo não for suficiente?

Qualquer ato do ser humano deve ser planejado para que não haja desperdício de tempo, então, a sugestão que tenho em relação ao tempo é que você, negociador, deve se planejar, planejar e planejar para que assim possa obter resultados positivos em um curto espaço de tempo. Exemplo, se você acredita que o problema pode ser resolvido em cinco dias, dê para si a resolução em três dias, pois só assim você poderá acelerar o processo e buscar soluções com mais eficácia e precisão.

Comportamento

Tudo o que planejamos para obter êxito depende exclusivamente do nosso comportamento em relação ao nosso objetivo.

Imagine alguém que deseja emagrecer e faz o seguinte planejamento:

1. **Objetivo:** quero emagrecer 5 kg;
2. **Tempo:** quero emagrecer 5 kg dentro de 30 dias;
3. **Comportamento:** mantém os hábitos alimentares.

Observe que houve um planejamento, mas o comportamento em relação ao objetivo não foi obedecido para lograr êxito, assim, o mesmo ocorre na negociação de conflitos. O negociador deve envidar esforços para resolver a disputa. Ele deve procurar as alternativas mais conciliadoras possíveis a fim de que não haja obstáculos para chegar ao acordo.

Seguem algumas orientações para melhorar o comportamento em relação à solução de conflitos:

Esclareça os seus objetivos — quando as pessoas estão buscando solução para seus conflitos, em regra, tendem a compartilhar os mesmos objetivos não obstante as suas diferenças, ambos querem ver o conflito resolvido de uma forma que seja mutuamente agradável e benéfica;

Reconcilie diferenças – Jesus Cristo foi o mestre em restaurar relações entre os cristãos que estavam em diferença uns com os outros, o que podemos ver claramente em seus ensinamentos em Mateus 18-15:20;

Controle os impulsos agressivos respeitando a outra parte – em momento algum seja agressivo ou use uma comunicação violenta;

Escolha o momento certo para a negociação – quando estiver se preparando para negociar, não pense apenas quais são os argumentos que você pretende usar, porém pondere qual é o melhor momento, no processo da negociação do conflito, para usá-los de forma racional;

Faça concessões – isso não significa ser covarde, mas estar constantemente em busca de uma solução pacífica.

BIBLIOGRAFIA

ALMEIDA, José Ronaldo Mendes de; ALMEIDA, Ronaldo Meneghini Mendes. *Novos rumos em comunicação interpessoal*. São Paulo: Nobel, 2000.

ÁLVAREZ, Gladys Stella. La solución de problemas. In: *Arbitraje y mediación*. Asunción: Continental, 2003.

CALMON, Petrônio. *Fundamentos da mediação e da conciliação*. São Paulo: Forense, 2007.

CARNIGIE, Dale. *Como fazer amigos e influenciar pessoas*. São Paulo: Companhia Editora Nacional.

CARVALHAL, Eugenio do. *Negociação e administração de conflitos*. Rio de Janeiro: FGV, 2006.

DE LOS RIOS, Bruno. *Suplemento de actualización profisional*. La ley. Medios alternativos de resolución de conflictos, negociación y mediación. Asunción.

DEUTSH, Morton. *The resolution of conflict:* constructive and destructive process. New Heaven and London: Yale University Press, 1973.

DOMEÑO, Alicia Barbero *et al*. *Deconstrui la imagem del enimigo*. Escuela Cultura de Pau. Universidad Autónoma de Barcelona.

ENCINA, Gregório Billikopf. *Helping people resolving differences*. Empowering stakeholders. University Of California.

GRUNSPUN, Haim. *Mediação familiar:* o mediador e a separação de casais com filhos. São Paulo: LTr, 2000.

IHERING, Rudolf von. *A luta pelo direito*. São Paulo: Martin Claret, 2004.

LIMA, Jean Carlos. *Como falar bem em público e influenciar pessoas*. Recife: FASA, 2007.

MAQUIAVEL, Nicolau. *O príncipe*. São Paulo: Martin Claret, 2006.

MARTINELLI, Dante P. *Negociação e solução de conflitos:* do impasse ao ganha-ganha através do melhor estilo. 1. ed., 7. reimpr. São Paulo: Atlas, 2006.

NEWMAN, Susan. *O livro do Não*. 250 maneiras de dizer não pra valer! E parar de querer agradar a todo mundo. São Paulo: Cultrix, 2006.

PATTERSON, Kerry *et al*. *Conversas decisivas:* ferramentas de negociação quando as apostas são altas. Tradução Cássia Maria Nasser. Rio de Janeiro: Campos, 2003.

RIVERS, Dennis. *The seven challenges*. 4. ed. Califórnia: Human Development Books, 2008. p. 4 e segs.

SILVA, Alessandra Gomes do Nascimento. *Técnicas de negociação para advogados*. 2. ed. São Paulo: Saraiva, 2007.

URY, William L.; BRETT, Jeanne M.; GOLDBERG, Stephen B. *Como resolver las disputas*. Diseño de sistemas para reducir los costos del conflicto. Buenos Aires: Runbizal-Culzone, 1997.

URY, William; FISHER, Robert. *Como chegar ao sim*. A negociação de acordos sem concessões. 2. ed. Rio de Janeiro: Imago, 1992.

Projeto Gráfico e Editoração Eletrônica: **Peter Fritz Strotbek**

Capa: **Eliana C. Costa**

Impressão: **Cometa Gráfica e Editora**